Informationspflichten nach der Datenschutz-Grundverordnung (DS-GVO)

Philipp Sauer

Informationspflichten nach der Datenschutz-Grundverordnung (DS-GVO)

Erforderliche Informationen, Ausschlusstatbestände und Zulässigkeit eines Medienbruchs

Philipp Sauer, LL.M.

Rechtsanwalt in Frankfurt a.M.
Diplom-Wirtschaftsinformatiker (Berufsakademie)

Bibliografische Information der Deutschen Nationalbibliothek:

Die Deutsche Nationalbibliothek verzeichnet diese Publikation in der Deutschen Nationalbibliografie; detaillierte bibliografische Daten sind im Internet über http://dnb.dnb.de abrufbar.

Herstellung und Verlag: BoD – Books on Demand, Norderstedt

ISBN: 978-3- 7481-3870-9

INHALT

V

VI

VII

Quellen- und Literaturverzeichnis

ARTIKEL 29 – DATENSCHUTZGRUPPE	Stellungnahme zu einheitlicheren Bestimmungen über Informationspflichten, 11987/04/DE, WP 100, Fassung vom 25.11.2004.
ARTIKEL 29 – DATENSCHUTZGRUPPE	Guidelines on transparency under Regulation 2016/679, 17/EN, WP 260, 29.11.2017, geändert am 11.04.2018 (rev.01).
BECK'SCHER ONLINE-KOMMENTAR DATENSCHUTZRECHT	Wolff, Heinrich Amadeus/Brink, Stefan 25. Edition, Stand: 01.08.2018.
CULIK, NICOLAI/ DÖPKE, CHRISTIAN	Zweckbindungsgrundsatz gegen unkontrollierten Einsatz von Big Data-Anwendungen, in: ZD 2017, 226.
DATENSCHUTZ-KONFERENZ	Kurzpapier Nr. 10, Informationspflichten bei Dritt- und Direkterhebung, https://www.lda.bayern.de/media/dsk_kpnr_10 _informationspflichten.pdf, Stand 16.01.2018 (zuletzt aufgerufen am 23.09.2018).
DER HESSISCHE BEAUFTRAGTE FÜR DATENSCHUTZ UND INFORMATIONSFREIHEIT	Häufig gestellte Fragen – HGF, https://datenschutz.hessen.de/infothek/h%C3% A4ufig-gestellte-fragen-hgf, Themenfeld Medienbruch (zuletzt aufgerufen am 09.12.2018).

DIE LANDESBEAUFTRAGTE FÜR DEN DATENSCHUTZ NIEDERSACHSEN	Transparenzanforderungen und Hinweisbeschilderung bei einer Videoüberwachung durch nichtöffentliche Stellen, https://www.lfd.niedersachsen.de/startseite/dsgvo/fransparenzanforderungen-und-hinweisbeschilderung-bei-einer-videoueberwachung-nach-der-ds-gvo-158959.html (zuletzt aufgerufen am 23.09.2018).
DORNER, MICHAEL	Grundfragen des modernen Daten- und Informationshandels, in: CR 2014, 617.
EHMANN, EUGEN/ SELMAYR, MARTIN	Datenschutz-Grundverordnung, 2. Aufl. 2018.
FRANCK, LORENZ	Altverhältnisse unter DS-GVO und neuem BDSG. Anwendung des neuen Datenschutzrechts auf bereits laufende Datenverarbeitungen?, in: ZD 2017, 509.
GARTNER UNTERNEHMENS-GRUPPPE	IT Glossary: Big Data, https://www.gartner.com/it-glossary/big-data (zuletzt aufgerufen am 23.09.2018).
GESELLSCHAFT FÜR DATENSCHUTZ UND DATENSICHERHEIT E.V.	GDD Praxishilfe DS-GVO VII, Transparenzpflichten bei der Datenverarbeitung, April 2018, https://www.gdd.de/downloads/praxishilfen/GDD-Praxishilfe_DS-GVO_7.pdf.
GOLA, PETER	Datenschutz-Grundverordnung. Kommentar, 2. Aufl. 2018.
HÄRTING, NIKO	Datenschutz-Grundverordnung, 2016.

HOFFMANN-RIEM, WOLFGANG	Rechtliche Rahmenbedingungen für und regulative Herausforderungen durch Big Data, in: Hoffmann-Riem (Hrsg.), Big Data – Regulative Herausforderungen, 2018, S. 11 ff.
KLEIN, DAVID	Neue Lizenzen braucht das Land: Nutzungsart Big Data Miner? , in: Taeger, Jürgen, Big Data & Co. Neue Herausforderungen für das Informationsrecht. Tagungsband Herbstakademie 2014, S. 5 ff.
KÜHLING, JÜRGEN/ BUCHNER, BENEDIKT	Datenschutz-Grundverordnung/ BDSG. Kommentar, 2. Aufl. 2018.
MARKL, VOLKER	Technische Einführung, in: Hoeren, Thomas, Big Data und Recht, S. 3 ff.
PAAL, BORIS P./ PAULY, DANIEL A.	Datenschutz-Grundverordnung. Bundesdatenschutzgesetz. Kommentar, 2. Aufl. 2018.
PLATH, KAI-UWE	DSGVO/BDSG. Kommentar, 3. Aufl. 2018.
REDING, VIVIANE	Sieben Grundbausteine der europäischen Datenschutzreform, ZD 2012, 195.
ROBRECHT, BETTINA	EU-Datenschutzgrundverordnung: Transparenzgewinn oder Information-Overkill, 2015.
ROßNAGEL, ALEXANDER	Big Data – Small Privacy? Konzeptionelle Herausforderungen für das Datenschutzrecht, in: ZD 2013, 562.
SCHANTZ, PETER	Die Datenschutz-Grundverordnung – Beginn einer neuen Zeitrechnung im Datenschutzrecht, in: NJW 2016, 1841.

SCHANTZ, PETER/ WOLFF, HEINRICH AMADEUS	Das neue Datenschutzrecht. Datenschutz-Grundverordnung und Bundesdatenschutzgesetz in der Praxis, 2017.
SIMITIS, SPIROS	Bundesdatenschutzgesetz. Kommentar, 8. Aufl. 2014.
SPINDLER, GERALD/ SEIDEL, ANDREAS	Die zivilrechtlichen Konsequenzen von Big Data für Wissenszurechnung und Aufklärungspflichten, in: NJW 2018, 2153.
SYDOW, GERNOT	Europäische Datenschutzverordnung. Handkommentar, 2. Aufl. 2018.
UNABHÄNGIGES LANDESZENTRUM FÜR DATENSCHUTZ SCHLESWIG HOLSTEIN	Die Datenschutz-Grundverordnung tritt in Kraft – das müssen selbstständige Heilberufler beachten, https://www.datenschutzzentrum.de/artikel/122 0-Die-Datenschutz-Grundverordnung-tritt-in-Kraft-das-muessen-selbstaendige-Heilberufler-beachten.html (zuletzt aufgerufen am 23.09.2018).
WERKMEISTER, CHRISTOPH/ BRAND, ELENA	Datenschutzrechtliche Herausforderungen für Big Data, in: CR 2016, 233.
ZIPPELIUS, REINHOLD	Juristische Methodenlehre, 11. Aufl. 2012.

A. Gegenstand der Untersuchung

Im Hinblick auf die Europäische Datenschutz-Grundverordnung (DS-GVO) denken viele an die Bußgelder in Höhe von bis zu 20.000.000 € bzw. 4 % des gesamten weltweit erzielten Jahresumsatzes des vorangegangenen Geschäftsjahrs. Daher wird das Thema Datenschutz von vielen Unternehmen ernst genommen.

Jedes Unternehmen, das im Rahmen der Tätigkeit einer Niederlassung innerhalb der EU eine öffentliche Website betreibt, betrifft das Thema Datenschutzhinweise auf der Website, denn beim Seitenaufruf wird stets die IP-Adresse eines Nutzers verarbeitet. Hierbei handelt es sich um ein personenbezogenes Datum.[1] Mittels Datenschutzhinweisen werden Informationspflichten erfüllt, die Gegenstand dieser Arbeit sind. Informationspflichten nach der DS-GVO bestehen aber nicht nur beim Betreiben einer Website, sondern bei jeder Erhebung[2] von Daten, die im Anwendungsbereich der DS-GVO erfolgt, bei der kein Ausschlusstatbestand einschlägig ist. Informationspflichten bestehen außer in Fällen der Verarbeitung von IP-Adressen z.B. auch, wenn am Telefon personenbezogene Daten abgefragt werden, um diese im CRM-System einzutragen oder wenn Bestellungen entgegengenommen werden.

Informationspflichten sind keineswegs neu. So waren auch in § 4 Abs. 3, § 19a Abs. 1 und § 33 Abs. 1 des bis zum 24.05.2018 angewendeten BDSG (im Folgenden „BDSG-alt") derartige Pflichten vorgesehen. Hierdurch wurden die Art. 10 und 11 der Richtlinie 95/46/EG des Europäischen Parlaments und des Rates vom 24. Oktober 1995 zum Schutz natürlicher Personen bei der Verarbeitung personenbezogener Daten und zum freien Datenverkehr (im

---

[1] Siehe hierzu im Detail in Abschnitt F.II.c)bb)(2)(d).
[2] Siehe zu diesem Begriff Abschnitt Abschnitt D.I.

Folgenden: „DS-RL") umgesetzt.[3]

Neu ist, dass die Informationspflichten deutlich umfangreicher geworden sind.[4] Eine weitere wesentliche Änderung ist die bereits erwähnte Androhung von Bußgeldern nach Art. 83 Abs. 5 lit. b i.V.m. Art. 12 ff. DS-GVO in Höhe von bis zu 20.000.000 € oder im Falle eines Unternehmens von bis zu 4 % seines gesamten weltweit erzielten Jahresumsatzes des vorangegangenen Geschäftsjahres.

Um ein Bußgeld verhindern zu können, muss ein Verantwortlicher die genauen Anforderungen an die Informationspflichten kennen. Diese werden im Rahmen dieser Arbeit dargestellt.

Zunächst wird dargestellt, wann der sachliche und räumliche Anwendungsbereich eröffnet ist (Abschnitt B). Nur in diesem Fall bestehen die Informationspflichten nach Art. 13 bzw. 14 DS-GVO. Anschließend wird erläutert, welche Informationen bereitzustellen sind (Abschnitt C).

Von Bedeutung ist auch, wann zu informieren ist (Abschnitt D). Ebenso wichtig ist, worüber im Falle einer Zweckänderung zu informieren ist (Abschnitt E). Sehr bedeutend sind die Ausschlusstatbestände im Hinblick auf die Informationspflichten (Abschnitt F). Auslegungsbedürftig ist hierbei insbesondere ein Entfallen der Informationspflichten nach Art. 14 Abs. 5 S. 1 lit. b DS-GVO, wonach keine Informationspflichten bestehen soweit die Informationspflicht einen unverhältnismäßigen Aufwand erfordern würde. In diesem Zusammenhang wurde bislang in der Literatur nur

---

[3] Bzgl. § 4 BDSG-alt siehe Scholz/Sokol, in: Simitis, § 3 Rn. 39; bzgl. § 19a BDSG-alt siehe Mallmann, in: Simitis, § 19a Rn. 1; bzgl. § 33 BDSG-alt siehe Forgó, in: BeckOK Datenschutzrecht, § 33 BDSG 2003 [aK] Rn. 14.
[4] Schmidt-Wudy, in: BeckOK Datenschutzrecht, Art. 13 Rn. 3 DS-GVO und Art. 14 DS-GVO Rn. 3.

am Rande die Thematik von Big Data Analysen erwähnt[5].

Im Hinblick auf die Formvorgaben für die Bereitstellung der Informationen ist in der Literatur umstritten, ob ein Medienbruch zulässig ist (Abschnitt H). Davon abhängig ist beispielsweise, ob ein Callcenter bei der Erhebung von personenbezogenen Daten auf Datenschutzhinweise im Internet verweisen darf oder ob ein Callcenter sämtliche Informationen telefonisch mitteilen muss.

B. Sachlicher und räumlicher Anwendungsbereich

Informationspflichten nach der DS-GVO bestehen nur dann, wenn der sachliche und räumliche Anwendungsbereich der DS-GVO eröffnet ist.

I. Sachlicher Anwendungsbereich, Art. 2 DS-GVO

Sachlich gilt die DS-GVO gem. Art. 2 Abs. 1 DS-GVO für die ganz oder teilweise automatisierte Verarbeitung personenbezogener Daten sowie für die nichtautomatisierte Verarbeitung personenbezogener Daten, die in einem Dateisystem gespeichert sind oder gespeichert werden sollen.

1.) Personenbezogene Daten

Personenbezogene Daten sind gem. Art. 4 Nr. 1 Hs. 1 DS-GVO alle Informationen, die sich auf eine identifizierte oder identifizierbare natürliche Person beziehen. Als identifizierbar wird eine natürliche Person angesehen, die direkt oder indirekt, insbesondere mittels Zuordnung zu einer Kennung wie einem Namen, zu einer Kennnummer, zu Standortdaten, zu einer Online-Kennung oder zu einem oder mehreren besonderen Merkmalen, die Ausdruck der

---

[5] Vgl. hierzu Schantz, in: Schantz/Wolff, Rn. 1169; Werkmeister/Brandt, CR 2016, 233, 236; Bäcker, in: Kühling/Buchner, Art. 14 DS-GVO Rn. 55.

physische, physiologischen, genetischen, psychischen, wirtschaftlichen, kulturellen oder sozialen Identität dieser natürlichen Person sind, identifiziert werden kann (Art. 4 Nr. 1 Hs. 2 DS-GVO).[6]

2.) Verarbeitung

Verarbeitung ist gem. Art. 4 Nr. 2 DS-GVO jeder mit oder ohne Hilfe automatisierter Verfahren ausgeführter Vorgang oder jede solche Vorgangsreihe im Zusammenhang mit personenbezogenen Daten wie das Erheben, das Erfassen, die Organisation, das Ordnen, die Speicherung, die Anpassung oder Veränderung, das Auslesen, das Abfragen, die Verwendung, die Offenlegung durch Übermittlung, Verbreitung oder eine andere Form der Bereitstellung, den Abgleich oder die Verknüpfung, die Einschränkung, das Löschen oder die Vernichtung. Der Begriff der Verarbeitung ist weit zu verstehen.[7]

3.) Ganz oder teilweise automatisierter Verarbeitung

Eine ganz oder teilweise automatisierte Verarbeitung erfolgt, wenn Datenverarbeitungsanalgen zum Einsatz kommen.[8] Hierzu zählen z.B. Computer jeder Größenordnung, Smartphones, Überwachungsanlagen (einschließlich Kameradrohnen, Webcams und Dashcams), digitale Kopierer und Scanner.[9] Der Begriff der automatisierten Verarbeitung ist technologieneutral und sehr weit auszulegen.[10] Der Unterschied zwischen einer ganz oder teilweise automatisierten Verarbeitung besteht darin, dass bei letzterem manuelle Zwischenschritte vorgenommen werden oder eine Dateisammlung gänzlich analog geführt wird, aber mittels Datenverarbeitungsanlagen ein Index

---

[6] Siehe zum Begriff der personenbezogenen Daten im Hinblick auf dynamische IP-Adressen in Abschnitt F.II.c)bb)(2)(d).
[7] Schantz, in: Schantz/Wolf, Rn. 309.
[8] Kühling/Raab, in: Kühling/Buchner, Art. 2 DS-GVO Rn. 15.
[9] Ernst, in: Paal/Pauly, Art. 2 Rn. 5 DS-GVO.
[10] Kühling/Raab, in: Kühling/Buchner, Art. 2 DS-GVO Rn. 15.

angelegt wird, um einzelne Dateien schneller auffinden zu können.[11]

4.)   Nichtautomatisierte Verarbeitung

Mit nichtautomatisierter Verarbeitung ist die rein manuelle Verarbeitung gemeint.[12] In diesem Fall wird für die Anwendbarkeit der DS-GVO vorausgesetzt, dass die personenbezogenen Daten in einem Dateisystem gespeichert werden oder gespeichert werden sollen. Ein Dateisystem ist gem. Art. 4 Nr. 6 DS-GVO jede strukturierte Sammlung personenbezogener Daten, die nach bestimmten Kriterien zugänglich ist, unabhängig davon, ob diese Sammlung zentral, dezentral oder nach funktionalen oder geografischen Gesichtspunkten geordnet geführt wird. Zu den Dateisystemen in diesem Sinne zählen Sammlungen personenbezogener Daten, die nach bestimmten Kriterien geordnet sind.[13]

II.   Räumlicher Anwendungsbereich, Art. 3 DS-GVO

Die DS-GVO findet nach dem Sitzlandprinzip[14] gem. Art. 3 Abs. 1 DS-GVO Anwendung auf die Verarbeitung personenbezogener Daten, soweit diese im Rahmen der Tätigkeiten einer Niederlassung eines Verantwortlichen oder eines Auftragsverarbeiters in der EU erfolgt, unabhängig davon, ob die Verarbeitung in der EU stattfindet.

Darüber hinaus findet die DS-GVO nach dem Marktortprinzip[15] gem. Art. 3 Abs. 2 DS-GVO auf die Verarbeitung personenbezogener Daten von betroffenen Personen, die sich in der Union befinden,

---

[11] Kühling/Raab, in: Kühling/Buchner, Art. 2 DS-GVO Rn. 16.
[12] Kühling/Raab, in: Kühling/Buchner, Art. 2 DS-GVO Rn. 17.
[13] Vgl. Erwägungsgrund 15 S. 3 der DS-GVO, wonach Akten oder Aktensammlungen sowie ihre Deckblätter, die nicht nach bestimmten Kriterien geordnet sind, nicht in den Anwendungsbereich fallen sollten.
[14] Vgl. hierzu Plitz, in: Gola, Art. 3 DS-GVO Rn. 5.
[15] Vgl. hierzu Plitz, in: Gola, Art. 3 DS-GVO Rn. 5.

Anwendung, wenn die Datenverarbeitung damit im Zusammenhang steht,

a) betroffenen Personen in der EU Waren oder Dienstleistungen anzubieten, unabhängig davon, ob von diesen betroffenen Personen eine Zahlung zu leisten ist;

b) das Verhalten betroffener Personen zu beobachten, soweit ihr Verhalten in der Union erfolgt.

Darüber hinaus findet die DS-GVO gem. Art. 3 Abs. 3 DS-GVO Anwendung auf die Verarbeitung personenbezogener Daten durch einen nicht in der EU niedergelassenen Verantwortlichen an einem Ort, der aufgrund des Völkerrechts dem Recht eines Mitgliedsstaats unterliegt.

C. Bestehende Informationspflichten nach Art. 13 und 14 DS-GVO

I. Der Unterschied zwischen Art. 13 und Art. 14 DS-GVO

Die Informationspflichten knüpfen stets an eine Erhebung personenbezogener Daten an.[16] Wie die betroffenen Personen zu informieren sind, bestimmt sich ausschließlich danach, ob Daten bei der betroffenen Person erhoben werden (Direkterhebung) oder nicht. Im Falle einer Direkterhebung bestimmt sich die Informationspflicht nach Art. 13 DS-GVO, andernfalls nach Art. 14 DS-GVO.[17]

Anders als nach §§ 19a, 33 BDSG-alt, ist im Hinblick auf Art. 14 DS-GVO die Kenntnis der betroffenen Person zum Zeitpunkt der

---

[16] Bäcker, in: Kühling/Buchner, Art. 14 Rn. 9.
[17] Schmidt-Wudy, in: BeckOK Datenschutzrecht, DS-GVO Art. 14 Rn. 12.

Datenerhebung irrelevant.[18]

II.   Verhältnis von Abs. 1 und Abs. 2 DS-GVO

Sowohl in Artikel 13 DS-GVO als auch in Artikel 14 DS-GVO sind die mitzuteilenden Informationen in den Absätzen 1 und 2 aufgelistet. Diese Aufteilung geht auf den Ratsentwurf zurück.[19] In Art. 13 Abs. 2 DS-GVO ist geregelt, dass zusätzlich zu den Informationen in Abs. 1 weitere Informationen zur Verfügung zu stellen sind, „die notwendig sind, um eine faire und transparente Verarbeitung zu gewährleisten". In Art. 14 Abs. 2 DS-GVO heißt es ähnlich, aber nicht identisch, dass die Informationen zur Verfügung zu stellen sind, „die erforderlich sind, um der betroffenen Person gegenüber eine faire und transparente Verarbeitung zu gewährleisten". Daraus könnte man ableiten, dass diese Informationen nur zu erteilen sind, wenn dies für eine faire und transparente Verarbeitung erforderlich ist. Hierfür spricht vor allem Erwägungsgrund 60 der DS-GVO, wonach weitere Informationen zur Verfügung zu stellen sind, „die unter Berücksichtigung der besonderen Umstände und Rahmenbedingungen, unter denen die personenbezogenen Daten verarbeitet werden, notwendig sind, um eine faire und transparente Verarbeitung zu gewährleisten" (S. 2).

Dagegen spricht allerdings, dass Art. 13 Abs. 2 und Art. 14 Abs. 2 DS-GVO nicht in einem Konditional-, sondern einem Relativsatz formuliert sind („[...] die notwendig/erforderlich sind, um [...]"). Demnach ist der Satz dahingehend zu verstehen, dass die aufgelisteten Informationen zur Gewährleistung einer fairen und transparenten Verarbeitung notwendig sind, es sich aber nicht um eine Tatbestandsvoraussetzung handelt.[20] Im Übrigen ist eine faire und transparente Verarbeitung bereits ein in Art. 5 Abs. 1 lit. a DS-GVO

---

[18] Schmidt-Wudy, in: BeckOK Datenschutzrecht, DS-GVO Art. 14 Rn. 30.
[19] Bäcker, in: Kühling/Buchner, Art. 13 DS-GVO Rn. 20.
[20] Vgl. Schmidt-Wudy, in: BeckOK Datenschutzrecht, DS-GVO Art. 13 Rn. 37; Bäcker, in: Kühling/Buchner, Art. 13 Rn. 20.

verankerter Grundsatz, der für die gesamte DS-GVO gilt. Daher handelt es sich nicht um ein Alleinstellungsmerkmal von Art. 13 Abs. 2 bzw. Art. 14 Abs. 2 DS-GVO.[21] Im Ergebnis sind daher Abs. 1 und 2 der Artikel 13 und 14 DS-GVO im Hinblick auf eine Erstinformation der betroffenen Personen vollkommen gleich zu behandeln.[22]

III. Bereitzustellenden Informationen nach Art. 13 Abs. 1 und 2 sowie Art. 14 Abs. 1 und 2 DS-GVO

Die Informationspflichten nach Art. 13 Abs. 1 und 2 DS-GVO und nach Art. 14 Abs. 1 und 2 DS-GVO sind größtenteils gleich, weichen zum Teil aber auch voneinander ab. In der nachfolgend dargestellten Tabelle werden die Unterschiede aufgezeigt. Die einzelnen Informationspflichten werden anschließend im Detail erläutert.

---

[21] Franck, in: Gola, Art. 13 DS-GVO Rn. 6.
[22] Franck, in: Gola, Art. 13 DS-GVO Rn. 6; Schmidt-Wudy, in: BeckOK Datenschutzrecht, Art. 13 DS-GVO Rn. 37; Bäcker, in: Kühling/Buchner, Art. 13 DS-GVO Rn. 20; a.A. Schantz, NJW 2016, 1841, 1845; Schantz, in: Schantz/Wolff, Rn. 1151; wohl auch Kamlah in: Plath, Art. 13 DSGVO Rn. 5.

Bestehende Informationspflichten	Art. 13 DS-GVO	Art. 14 DS-GVO	Erläutert in Abschnitt
Verantwortlicher, Kontaktdaten und Vertreter	Abs. 1 lit. a	Abs. 1 lit. a	C.III.1.)
Kontaktdaten des Datenschutzbeauftragten	Abs. 1 lit. b	Abs. 1 lit. b	C.III.2.)
Zwecke und Rechtsgrundlage	Abs. 1 lit. c	Abs. 1 lit. c	C.III.3.)
Berechtigte Interessen	Abs. 1 lit. d	Abs. 2 lit. b	C.III.4.)
Empfänger oder Kategorien von Empfängern der personenbezogenen Daten	Abs. 1 lit. e	Abs. 1 lit. e	C.III.5.)
Drittlandtransfer	Abs. 1 lit. f	Abs. 1 lit. f	C.III.6.)
Kategorien der personenbezogenen Daten		Abs. 1 lit. d	C.III.7.)
Speicherdauer	Abs. 2 lit. a	Abs. 2 lit. a	C.III.8.)

9

Bestehende Informationspflichten	Art. 13 DS-GVO	Art. 14 DS-GVO	Erläutert in Abschnitt
Ansprüche nach Art. 15, 16, 17, 18, 21, 20 DS-GVO	Abs. 2 lit. b	Abs. 2 lit. c	C.III.9.)
Widerrufrecht der Einwilligung	Abs. 2 lit. c	Abs. 2 lit. d	C.III.10.)
Beschwerderecht	Abs. 2 lit. d	Abs. 2 lit. e	C.III.11.)
Pflicht zur Bereitstellung der Daten	Abs. 2 lit. e		C.III.12.)
Automatisierte Entscheidungsfindung	Abs. 2 lit. f	Abs. 2 lit. g	C.III.13.)
Datenquelle		Abs. 2 lit. f	C.III.14.)

(in Anlehnung an GDD-Praxishilfe DS-GVO VII, S. 4)

1.) Verantwortlicher und Vertreter, Art. 13 Abs. 1 lit. a DS-GVO und Art. 14 Abs. 1 lit. a DS-GVO

In jedem Fall müssen der Name und die Kontaktdaten des Verantwortlichen mitgeteilt werden. Bei Kaufleuten, Personengesellschaften und juristischen Personen sind der Name und der jeweilige Rechtsformzusatz anzugeben.[23] Zu den mitzuteilenden Kontaktdaten zählen eine (ladungsfähige) Anschrift und eine

---

[23] Paal/Hennemann, in: Paal/Pauly, Art. 13 DS-GVO Rn. 14.

10

Telefonnummer oder eine E-Mail-Adresse.[24]

Falls der Verantwortliche gemäß Art. 27 DS-GVO einen Vertreter in der EU (Art. 4 Nr. 17 DS-GVO) zu bestellen hat, müssen dem Betroffenen die Kontaktdaten des Vertreters mitgeteilt werden.[25] Aus Art. 13 Abs. 1 lit. a DS-GVO und Art. 14 Abs. 1 lit. a DS-GVO resultiert hingegen keine Pflicht dahingehend, die Organvertreter (z.B. den Geschäftsführer einer GmbH) zu benennen.[26]

2.) Datenschutzbeauftragter, Art. 13 Abs. 1 lit. b DS-GVO und Art. 14 Abs. 1 lit. b DS-GVO

Falls der Verantwortliche einen Datenschutzbeauftragten bestellt hat, muss er dessen Kontaktdaten mitteilen. Zu den mitzuteilenden Kontaktdaten zählen eine (ladungsfähige) Postanschrift und eine Telefonnummer oder eine E-Mail-Adresse. [27] Ausweislich des Wortlauts der Norm müssen nur die Kontaktdaten des Datenschutzbeauftragten mitgeteilt werden, dessen Name hingegen nicht.[28]

---

[24] Schmidt-Wudy, in: BeckOK Datenschutzrecht, Art. 14 DS-GVO Rn. 40; ähnlich auch Paal/Hennemann, in: Paal/Pauly, Art. 13 DS-GVO Rn. 14 („elektronische und/oder telefonische Erreichbarkeit"); a.A. Bäcker, in: Kühling/Buchner, Art. 13 DS-GVO Rn. 22, der neben der Anschrift wohl (nur) solche Angaben für erforderlich hält, die zur Erreichbarkeit des Verantwortlichen ohne Medienbruch erforderlich sind.

[25] Bäcker, in: Kühling/Buchner, Art. 13 DS-GVO Rn. 23.

[26] Vgl. Franck, in: Gola, Art. 13 DS-GVO Rn. 10.

[27] Schmidt-Wudy, in: BeckOK Datenschutzrecht, Art. 14 DS-GVO Rn. 42, 40; ähnlich auch Paal/Hennemann, in: Paal/Pauly, Art. 13 DS-GVO Rn. 15 („elektronische und/oder telefonische Erreichbarkeit"); a.A. Bäcker, in: Kühling/Buchner, Art. 13 DS-GVO Rn. 24, 22, der neben der Anschrift wohl (nur) solche Angaben für erforderlich hält, die zur Erreichbarkeit des Datenschutzbeauftragten ohne Medienbruch erforderlich sind.

[28] Im Ergebnis ebenso Bäcker, in: Kühling/Buchner, Art. 13 DS-GVO Rn. 24; Paal/Hennemann, in: Paal/Pauly, Art. 13 DS-GVO Rn. 14.

Gem. Art. 13 Abs. 1 lit. b DS-GVO sind „gegebenenfalls" und gem. Art. 14 Abs. 1 lit. b DS-GVO „zusätzlich" die Kontaktdaten des Datenschutzbeauftragten mitzuteilen. Da der Wortlaut von Art. 13 Abs. 1 lit. b DS-GVO und Art. 14 Abs. 1 lit. b DS-GVO jeweils in der englischen und französischen Fassung identisch ist, ist hier nur von einem Übersetzungsfehler auszugehen. Im Übrigen können die Kontaktdaten des Datenschutzbeauftragten nur dann mitgeteilt werden, sofern ein solcher existiert.[29]

3.) Zwecke und Rechtsgrundlage, Art. 13 Abs. 1 lit. c DS-GVO und Art. 14 Abs. 1 lit. c DS-GVO

Der Verantwortliche hat die Zwecke, für die die personenbezogenen Daten verarbeitet werden sollen, mitzuteilen. Die Informationen müssen vollständig und so detailliert sein, dass die betroffene Person erkennen kann, mit welchen Datenverarbeitungen sie zu rechnen hat.[30]

Außerdem hat der Verantwortliche über die Rechtsgrundlage für die Verarbeitung, d.h. die Norm aufgrund derer eine Verarbeitung zulässig ist, zu informieren. Da Art. 6 DS-GVO zahlreiche Rechtsgrundlagen enthält, ist der genaue Absatz und litera anzugeben, z.B. „Art. 6 Abs. 1 S. 1 lit. f DS-GVO".[31] Aus Transparenzgründen empfiehlt es sich zusätzlich den Inhalt der Rechtsgrundlage kurz ggf. stichwortartig zu beschreiben, wie z.B. „berechtigte Interessen". In Kombination mit einer detaillierten Darlegung der Zwecke, dürfte dies in den meisten Fällen eine ausreichende Transparenz ermöglichen, denn hierdurch kann die betroffene Person die Anwendung der Rechtsgrundlage auf den Fall nachvollziehen[32].

---

[29] Schmidt-Wudy, in: BeckOK Datenschutzrecht, Art. 14 DS-GVO Rn. 42.
[30] Bäcker, in: Kühling/Buchner, Art. 13 DS-GVO Rn. 25.
[31] Paal/Hennemann, in: Paal/Pauly, Art. 13 DS-GVO Rn. 16.
[32] Vgl. Bäcker, in: Kühling/Buchner, Art. 13 DS-GVO Rn. 22, der dies – zumindest wenn die betroffene Person dies verlangt - als erforderlich ansieht.

4.) Berechtigte Interessen, Art. 13 Abs. 1 lit. d DS-GVO und Art. 14 Abs. 2 lit. b DS-GVO

In Fällen, in denen die Verarbeitung aufgrund von Art. 6 Abs. 1 S. 1 lit. f DS-GVO erfolgt, sind die berechtigten Interessen, die von dem Verantwortlichen oder einem Dritten verfolgt werden, mitzuteilen. Im Umkehrschluss heißt dies, dass die Interessen der betroffenen Personen oder die berührten Grundrechte und Grundfreiheiten nicht mitgeteilt werden müssen; eine derartige Pflicht lässt sich insbesondere dem Wortlaut des Art. 13 Abs. 1 lit. d DS-GVO bzw. Art. 14 Abs. 2 lit. b DS-GVO nicht entnehmen.[33]

5.) Empfänger oder Kategorien von Empfängern, Art. 13 Abs. 1 lit. e DS-GVO und Art. 14 Abs. 1 lit. e DS-GVO

Sofern die Daten weiteregegeben werden, hat der Verantwortliche die betroffene Person über die Empfänger oder Kategorien von Empfängern der personenbezogenen Daten zu informieren.

Unklar ist hierbei, ob es ein Wahlrecht zwischen der Angabe der Empfänger und der Kategorien von Empfängern gibt. Einige Autoren gehen von einem solchen Wahlrecht aus[34], teilweise wird ein solches Wahlrecht hingegen verneint[35].

Ein denkbares Argument gegen ein Wahlrecht könnte sein, dass wenn beabsichtigt gewesen wäre, dass die Angabe von Kategorien von

---

[33] Paal/Hennemann, in: Paal/Pauly, Art. 13 DS-GVO Rn. 17; a.A. wohl Bäcker, in: Kühling/Buchner, Art. 13 DS-GVO Rn 27.
[34] Paal/Hennemann, in: Paal/Pauly, Art. 13 DS-GVO Rn. 18; Kamlah, in: Plath, Art. 13 DS-GVO Rn. 13; vgl. auch Franck, in Gola, Art. 13 DS-GVO Rn. 17, der allerdings empfiehlt („sollte"), bei Feststehen der konkreten Empfänger im Interesse einer umfassenden Transparenz genauere Angaben zu machen.
[35] Bäcker, in: Kühling/Buchner, Art. 13 DS-GVO Rn. 30.

Empfängern ausreichend sein soll, nur diese erwähnt worden wäre. Dagegen spricht aber, dass auch die Möglichkeit der Nennung der konkreten Empfänger statt der Kategorien von Empfängern für Verantwortliche vorzugswürdig sein kann und dies durch die Norm ermöglicht wird.

Insbesondere aufgrund des Wortlauts („oder", „or", „ou")[36], ist im Ergebnis von einem Wahlrecht auszugehen.

6.) Drittstaatstransfer, Art. 13 Abs. 1 lit. f DS-GVO und Art. 14 Abs. 1 lit. f DS-GVO

Sofern der Verantwortliche die Absicht hat, die personenbezogenen Daten an ein Drittland oder eine internationale Organisation zu übermitteln, hat er diese Absicht der betroffenen Person mitzuteilen. Im Übrigen hat er diese über das Vorhandensein oder Fehlen eines Angemessenheitsbeschlusses der Kommission oder im Falle von Übermittlungen gemäß Art. 46, 47, oder 49 Abs. 1 UAbs. 2 DS-GVO, auf die geeigneten oder angemessenen Garantien zu informieren und ihnen mitzuteilen, wie eine Kopie von Ihnen zu erhalten ist oder wo sie verfügbar sind.

7.) Datenkategorien Art. 14 Abs. 1 lit. d DS-GVO

Die betroffene Person ist gem. Art. 14 Abs. 1 lit. d DS-GVO über die Kategorien der verarbeiteten personenbezogenen Daten zu informieren. Diese Information ist nur im Falle von Art. 14 DS-GVO erforderlich, da die betroffene Person hierbei anders als bei der Direkterhebung keinen Überblick darüber hat, um welche Daten es geht.[37]

---

[36] So auch Kamlah, in: Plath, Art. 13 DS-GVO Rn. 13.
[37] Franck, in: Gola, Art. 14 DS-GVO Rn. 7.

8.) **Speicherdauer, Art. 13 Abs. 2 lit. a DS-GVO und Art. 14 Abs. 2 lit. a DS-GVO**

Der Verantwortliche hat der betroffenen Person die Dauer mitzuteilen, für die die personenbezogenen Daten gespeichert werden. Sofern eine solche Angabe nicht möglich ist, sind die Kriterien für die Festlegung dieser Dauer mitzuteilen.

9.) **Auskunftsanspruch, Berichtigung, Löschung, Einschränkung der Verarbeitung, Widerspruch, Datenübertragbarkeit, Art. 13 Abs. 2 lit. b DS-GVO und Art. 14 Abs. 2 lit. c DS-GVO**

Der Verantwortliche hat die betroffene Person über das Recht auf Auskunft seitens des Verantwortlichen über die betreffenden personenbezogenen Daten (Art. 15 DS-GVO), auf Berichtigung (Art. 16 DS-GVO), auf Löschung (Art. 17 DS-GVO), auf Einschränkung der Verarbeitung (Art. 18 DS-GVO), auf Widerspruch der Verarbeitung (Art. 21 DS-GVO) sowie auf Datenübertragbarkeit (Art. 20 DS-GVO) zu informieren. Eine Information über ein Recht welches nicht besteht, bindet den Verantwortlichen nicht.[38] Daher ist es in der Praxis häufig ratsam, über alle diese Rechte zu informieren auch wenn diese eher abwegig sind, denn hierdurch wird das Beanstandungsrisiko gesenkt[39].

Im Hinblick auf das Widerspruchsrecht ist gem. Art. 21 Abs. 4 DS-GVO zu beachten, dass der Hinweis hierauf in einer verständlichen und von anderen Informationen getrennten Form zu erfolgen hat.

---

[38] Paal/Hennemann, in: Paal/Pauly, Art. 13 DS-GVO Rn. 27a.
[39] A.A. Bäcker, in: Kühling/Buchner, Art. 13 DS-GVO Rn. 37, der davon ausgeht, dass wenn ein Recht nicht in Betracht kommt, dieses auch nicht benannt werden darf.

Wichtig ist, dass der Hinweis im Verhältnis zu anderen Informationen Unterscheidungskraft zukommt und dieser gut erkennbar ist.[40] Die Unterscheidungskraft kann z.B. dadurch hergestellt werden, dass der Hinweistext in einer größeren Schriftgröße[41] oder fett und umrahmt gedruckt wird.

10.) Widerruf der Einwilligung, Art. 13 Abs. 2 lit. c DS-GVO und Art. 14 Abs. 2 lit. d DS-GVO

Sofern die Verarbeitung auf Art. 6 Abs. 1 S. 1 lit. a DS-GVO oder Art. 9 Abs. 2 lit. a DS-GVO beruht, hat der Verantwortliche die betroffene Person über die Widerruflichkeit der Einwilligung und über die Tatsache zu informieren, dass die Rechtmäßigkeit der Verarbeitung auf Grundlage der Einwilligung bis zum Widerruf unberührt bleibt.

11.) Beschwerderecht, Art. 13 Abs. 2 lit. d DS-GVO und Art. 14 Abs. 2 lit. e DS-GVO

Die betroffene Person ist vom Verantwortlichen über ihr Beschwerderecht bei einer Aufsichtsbehörde zu informieren. Kontaktdaten der Aufsichtsbehörden müssen nicht angegeben werden, denn eine solche Vorgabe wurde im Gesetzgebungsverfahren diskutiert, aber nicht in die finale Fassung aufgenommen.[42]

---

[40] Martini, in: Paal/Pauly, Art. 21 DS-GVO Rn. 71.
[41] Martini, in: Paal/Pauly, Art. 21 DS-GVO Rn. 71.
[42] Paal/Hennemann, in: Paal/Pauly, Art. 13 DS-GVO Rn. 29; a.A. Bäcker, in: Kühling/Buchner, Art. 13 DS-GVO Rn. 39.

12.) Pflicht zur Bereitstellung der Daten, Art. 13 Abs. 2 lit. e DS-GVO

Der Verantwortliche hat die betroffene Person darüber zu informieren, ob die Bereitstellung der personenbezogenen Daten gesetzlich oder vertraglich vorgeschrieben oder für einen Vertragsabschluss erforderlich ist, ob die betroffene Person verpflichtet ist, die personenbezogenen Daten bereitzustellen, und welche mögliche Folgen die Nichtbereitstellung hätte. Diese Informationen sind stets bereitzustellen, auch wenn sich diese Information weitestgehend auf negative Aussagen hierzu beschränken.[43]

Eine entsprechende Pflicht ist nicht in Art. 14 DS-GVO geregelt. Teilweise wird in der Literatur in diesem Zusammenhang von einer Regelungslücke ausgegangen, da auch Datenerhebungen bei Dritten vom Willen der betroffenen Person abhängen könnten.[44]

13.) Automatisierte Entscheidungsfindung, Art. 13 Abs. 2 lit. f DS-GVO und Art. 14 Abs. 2 lit. g DS-GVO

Sofern eine automatisierte Entscheidungsfindung einschließlich Profiling gem. Art. 22 Abs. 1 und 4 DS-GVO besteht, ist darüber gem. Art. 13 Abs. 2 lit. f DS-GVO und Art. 14 Abs. 2 lit. g DS-GVO zu informieren. Hintergrund hierfür ist, dass der betroffenen Person im Regelfall nicht bewusst sein wird, dass diese einer automatisierten Entscheidungsfindung bzw. einem Profiling unterzogen wird. Erst die Information darüber wird ihr häufig die Ausübung der weiteren Betroffenenrechte der DS-GVO ermöglichen.[45]

Darüber hinaus hat der Verantwortliche der betroffenen Person

---

[43] Paal/Hennemann, in: Paal/Pauly, Art. 13 DS-GVO Rn. 30.
[44] Bäcker, Kühling/Buchner, Art. 14 DS-GVO Rn. 24.
[45] Knyrim, in: Ehmann/Selmayr, Art. 13 DS-GVO Rn. 63

zumindest in den Fällen des Profilings aussagekräftige Informationen über die involvierte Logik sowie die Tragweite und die angestrebten Auswirkungen einer derartigen Verarbeitung für die betroffene Person bereitzustellen.

14.) Datenquelle, Art. 14 Abs. 2 lit. f DS-GVO

Gem. Art. 14 Abs. 2 lit. f DS-GVO ist die betroffene Person darüber zu informieren, aus welcher Quelle die personenbezogenen Daten stammen und gegebenenfalls ob sie aus öffentlich zugänglichen Quellen stammen. Es ist die konkrete Quelle zu nennen, die der Verantwortliche genutzt hat und nicht die der ersten Datenerhebung.[46] In Art. 13 DS-GVO gibt es keine entsprechende Regelung.

D.   Zeitpunkt, wann zu informieren ist

In den Fällen des Art. 13 DS-GVO ist zu einem anderen Zeitpunkt zu informieren als in den Fällen des Art. 14 DS-GVO.

I.   Art. 13 DS-GVO

In Fällen des Art. 13 DS-GVO ist die betroffene Person zum Zeitpunkt der Erhebung nach Art. 13 Abs. 1 und 2 DS-GVO zu informieren. Mit Erhebung ist das erstmalige Gelangen in den Verfügungsbereich des Verantwortlichen gemeint.[47]

Im Hinblick auf eine zweckveränderte Weiterverarbeitung (siehe hierzu Abschnitt E) sind die Informationen den betroffenen Personen „vor der Weiterverarbeitung" zur Verfügung zu stellen.[48]

---

[46] Franck, in: Gola, Art. 14 DS-GVO Rn. 14.
[47] Herbst, in: Kühling/Buchner, Art. 4 Nr. 2 DS-GVO Rn. 21.
[48] Vgl. hierzu Ingold, in: Sydow, Art. 13 DS-GVO Rn. 12.

II. Art. 14 DS-GVO

Im Regelfall gilt[49], dass die betroffene Person gem. Art. 14 Abs. 3 lit. a DS-GVO unter Berücksichtigung der spezifischen Umstände der Verarbeitung der personenbezogenen Daten innerhalb einer angemessenen Frist nach Erlangung der personenbezogenen Daten zu informieren ist, längstens jedoch innerhalb eines Monats.

Zu beachten sind allerdings folgende Sonderfälle, die nicht die generelle Informationspflicht innerhalb einer angemessenen Frist modifizieren, sondern lediglich die Höchstdauer der Angemessenheit restriktiver ausgestalten[50]: Falls die personenbezogenen Daten zur Kommunikation mit der betroffenen Person verwendet werden sollen, ist diese gem. Art. 14 Abs. 3 lit. b DS-GVO spätestens zum Zeitpunkt der ersten Mitteilung an sie zu informieren. Falls die Offenlegung an einen anderen Empfänger beabsichtigt ist, ist die Information gem. Art. 14 Abs. 3 lit. c DS-GVO spätestens zum Zeitpunkt der ersten Offenlegung zur Verfügung zu stellen.

Im Hinblick auf eine zweckveränderte Weiterverarbeitung (siehe hierzu Abschnitt E) sind die Informationen den betroffenen Personen „vor der Weiterverarbeitung" zur Verfügung zu stellen.[51]

E. Zweckänderung

Erstmals sah der Ratsvorschlag Informationspflichten bei Zweckänderungen vor. Allerdings sollten diese nur bestehen, wenn die Daten ursprünglich nicht bei dem Betroffenen erhoben wurden. Erst im Trilog wurden die Informationspflichten bei

---

[49] Vgl. hierzu Ingold, in: Sydow, Art. 14 DS-GVO Rn. 21.
[50] Vgl. hierzu Ingold, in: Sydow, Art. 14 DS-GVO Rn. 22.
[51] Vgl. hierzu Ingold, in: Sydow, Art. 14 DS-GVO Rn. 22 i.V.m. Art. 13 DS-GVO Rn. 12.

Zweckänderungen auf die Fälle der Direkterhebung erstreckt.[52]

Soweit der Verantwortliche beabsichtigt, die personenbezogenen Daten für einen anderen als den Erhebungszweck weiterzuverarbeiten, hat der Verantwortliche der betroffenen Person im Falle der Direkterhebung nach Art. 13 Abs. 3 DS-GVO bzw. in den anderen Fällen nach Art. 14 Abs. 4 DS-GVO vor dieser Weiterverarbeitung Informationen über diesen anderen Zweck und alle anderen maßgeblichen Informationen im Falle einer Direkterhebung nach Art. 13 Abs. 2 DS-GVO bzw. in anderen Fällen nach Art. 14 Abs. 2 DS-GVO zu erteilen. Diese Pflicht besteht unabhängig davon, ob und auf welcher Grundlage die Zweckänderung materiell gerechtfertigt ist.[53]

Art. 13 Abs. 3 bzw. Art. 14 Abs. 4 DS-GVO verweisen ausschließlich auf die Informationen von Art. 13 Abs. 2 bzw. Art. 14 Abs. 2 DS-GVO. In der Literatur wird teilweise vertreten, dass über den Wortlaut hinaus auch bei Zweckänderungen die Pflicht besteht über Teile von Art. 13 Abs. 1 bzw. Art. 14 Abs. 1 DS-GVO zu informieren ist.[54] Begründet wird dies insbesondere damit, dass die Tatsachen, über die anfangs nach Art. 13 Abs. 1 bzw. Art. 14 Abs. 1 DS-GVO zu informieren ist, eine Wandlung erfahren und dadurch neue Bedeutung erlangen können, da auch in diesem Fall eine Zweckänderung erlaubt sei.[55]

Richtigerweise muss aufgrund des eindeutigen Wortlauts der Art. 13 Abs. 3 bzw. Art. 14 Abs. 4 DS-GVO nur über den neuen Zweck und die in Art. 13 Abs. 2 bzw. Art. 14 Abs. 2 DS-GVO genannten Tatsachen informiert werden.[56] Etwas anderes ergibt sich auch nicht

---

[52] Bäcker, in: Kühling/Buchner, Art. 13 DS-GVO Rn. 6.
[53] Bäcker, in: Kühling/Buchner, Art. 13 DS-GVO Rn. 69.
[54] Franck, in: Gola, Art. 13 DS-GVO Rn. 34 f, Art. 14 DS-GVO Rn. 17; Bäcker, in: Kühling/Buchner, Art. 13 DS-GVO Rn. 72 f.
[55] Franck, in: Gola, Art. 13 DS-GVO Rn. 34.
[56] Im Ergebnis ebenso Kamlah in: Plath, Art. 13 DS-GVO Rn. 30.

aus dem Transparenzgrundsatz nach Art. 5 Abs. 1 lit. a DS-GVO, denn die Transparenzanforderungen sind durch die Art. 12 bis 15 DS-GVO konkretisiert[57] und in diesen Normen ist abschließend geregelt, über welche Tatsachen im Falle einer Zweckänderung zu informieren ist[58]. Den betroffenen Personen bleibt ein Auskunftsanspruch, über den auch gem. Art. 13 Abs. 3 i.V.m. Abs. 2 lit. b bzw. Art. 14 Abs. 4 i.V.m. Abs. 2 lit. c DS-GVO zu informieren ist.

Aufgrund anderer Ansichten in der Literatur ist allerdings grundsätzlich zu empfehlen, im Falle von Zweckänderungen auch über die in Art. 13 Abs. 1 bzw. Art. 14 Abs. 1 DS-GVO genannten Tatsachen zu informieren.

F. Ausschlusstatbestände

Auch bei den Ausschlusstatbeständen ist zwischen den Fällen von Art. 13 DS-GVO und Art. 14 DS-GVO zu unterscheiden. Hierbei bestehen deutliche Unterschiede.

I. Art. 13 DS-GVO

a) Bereits vorhandene Informationen

Die Informationspflichten nach Art. 13 DS-GVO bestehen gem. Art. 13 Abs. 4 DS-GVO nicht, wenn und soweit die betroffene Person bereits über die Informationen verfügt. Dies setzt voraus, dass der Informationsstand der betroffenen Person in Ausmaß, Genauigkeit und Klarheit den Informationen entspricht, die der Verantwortliche der betroffenen Person zur Verfügung stellen muss.[59]

---

[57] Vgl. zur Konkretisierung von Art. 5 Abs. 1 lit. a DS-GVO durch Art. 12 bis 15 DS-GVO Herbst, in: Kühling/Buchner, Art. 5 DS-GVO Rn. 19.

[58] A.A. wohl Franck, in: Gola, Art. 13 DS-GVO Rn. 34.

[59] Bäcker, in: Kühling/Buchner, Art. 13 DS-GVO Rn. 84.

b)   Unmöglichkeit

Anders als in Art. 14 Abs. 5 lit. b DS-GVO, ist in Art. 13 DS-GVO nicht geregelt, dass keine Informationspflichten bestehen, wenn sich die Erteilung der Informationen als unmöglich erweist. Offensichtlich hielt der Verordnungsgeber einen solchen Fall nicht für denkbar. Aber auch bei Direkterhebungen kann es Fälle geben, in denen es dem Verantwortlichen unmöglich ist, die betroffene Person zu informieren. Denkbar ist dies beispielsweise bei einer unaufgeforderten Kontaktaufnahme durch die betroffene Person per E-Mail und einer anschließenden Verwendung der Daten, wenn der Postfachspeicher der betroffenen Person voll ist.[60] Derartige Zugangshindernisse bei der betroffenen Person können nicht zulasten des Verantwortlichen gehen[61] und daher nicht dazu führen, dass es sich um einen Verstoß gegen Informationspflichten handelt oder gar zu einem Verbot, die Daten zu verarbeiten. Weitere Details zum Ausschlussgrund der Unmöglichkeit sind Abschnitt F.II.b) zu entnehmen.

c)   Beschränkungen nach Art. 23, 85 Abs. 2 DS-GVO

Im Übrigen gibt es bereichsspezifische Ausnahmen im Rahmen der Regelkompetenz der Art. 23 und 85 Abs. 2 DS-GVO. Hiervon hat der deutsche Gesetzgeber insbesondere durch folgende Regelungen Gebrauch gemacht: § 4 Abs. 2 und 4 BDSG-neu, § 29 Abs. 2 BDSG-neu, § 32 Abs. 1 Nr. 1-5 BDSG-neu, § 32a Abs. 1 Nr. 1-4 AO, § 82 SGB X.[62]

---

[60] Vgl. Franck, in: Gola, Art. 13 DS-GVO Rn. 45.
[61] Franck, in: Gola, Art. 13 DS-GVO Rn. 45.
[62] Franck, in: Gola, Art. 13 DS-GVO Rn. 46 ff. mit Hinweisen auf Verstöße gegen das Europarecht.

II.   Art. 14 DS-GVO

a)   Bereits vorhandene Informationen

Die Informationspflichten nach Art. 14 DS-GVO bestehen gem. Art. 13 Abs. 5 lit. a DS-GVO nicht, wenn und soweit die betroffene Person bereits über die Informationen verfügt. Dieser Ausschlusstatbestand stimmt wörtlich mit Art. 13 Abs. 4 DS-GVO überein und ist in gleicher Weise wie dort auszulegen.[63] Diese Ausnahme von der Informationspflicht dürfte vor allem bei Datenübermittlungen durch Dritte bedeutsam werden, da in diesen Fällen zumeist auch eine Informationspflicht des Übermittelnden besteht und die betroffene Person daher zumindest einen Teil der gebotenen Informationen kennen wird.[64]

b)   Unmöglichkeit

Eine Erteilung von Informationen ist gem. Art. 14 Abs. 5 lit. b S. 1 Hs. 1 Var. 1 DS-GVO nicht erforderlich, wenn die Erteilung dieser Informationen „sich als unmöglich erweist". Dies ist dann der Fall, wenn der Verantwortliche die betroffene Person nicht kontaktieren kann, z.B. weil er diese nicht kennt.[65] Dieser Ausschlussgrund nach Art. 14 Abs. 5 lit. b Var. 1 DS-GVO steht im Zusammenhang mit Art. 11 Abs. 1 DS-GVO[66], wonach keine Verpflichtung dahingehend besteht besteht, zur bloßen Einhaltung der Pflichten der DS-GVO zusätzliche Informationen aufzubewahren, einzuholen oder zu verarbeiten, um die betroffene Person zu identifizieren, wenn für die Zwecke, für die der Verantwortliche die personenbezogenen Daten verarbeitet, die Identifizierung der betroffenen Person durch den

---

[63] Bäcker, in: Kühling/Buchner, Art. 14 DS-GVO Rn. 52.
[64] Bäcker, in: Kühling/Buchner, Art. 14 DS-GVO Rn. 52.
[65] Bäcker, in: Kühling/Buchner, Art. 14 DS-GVO Rn. 54.
[66] Bäcker, in: Kühling/Buchner, Art. 14 DS-GVO Rn. 54.

Verantwortlichen nicht oder nicht mehr erforderlich ist.

c) Unverhältnismäßiger Aufwand

aa) Allgemeine Voraussetzungen von Art. 14 Abs. 5 lit. b S. 1 Hs. 1 Var. 2 DS-GVO

Eine Erteilung von Informationen ist gem. Art. 14 Abs. 5 lit. b S. 1 Hs. 1 Var. 2 DS-GVO nicht erforderlich, wenn die Erteilung dieser Informationen einen unverhältnismäßigen Aufwand erfordern würde. Gem. Art. 14 Abs. 5 lit. b S. 1 Hs. 2 DS-GVO kommt dies insbesondere bei Verarbeitungen für im öffentlichen Interesse liegende Archivzwecke, für wissenschaftliche oder historische Forschungszwecke oder für statistische Zwecke vorbehaltlich der in Art. 89 Abs. 1 DS-GVO genannten Bedingungen und Garantien in Betracht oder soweit die in Art. 14 Abs. 1 DS-GVO genannte Pflicht voraussichtlich die Verwirklichung der Ziele dieser Verarbeitung unmöglich macht oder ernsthaft beeinträchtigt. Hierbei handelt es sich ausweislich des eindeutigen Wortlauts („dies gilt insbesondere für [...]") um Fälle, in denen eine Unverhältnismäßigkeit insbesondere in Betracht kommt und nicht um eigene Ausschlusstatbestände.[67]

Mit Archiven sind Behörden oder öffentliche oder private Stellen gemeint, die Aufzeichnungen von öffentlichem Interesse führen.[68]

Unter Wissenschaft ist alles zu verstehen, was nach Inhalt und Form als ernsthafter planmäßiger Versuch zur Ermittlung von Wahrheit anzusehen ist.[69] Eine Einschränkung auf Forschungszwecke erfolgte

---

[67] Paal/Hennemann, in: Paal/Pauly, Art. 14 DS-GVO Rn. 40; a.A. Bäcker, in: Kühling/Buchner, Art. 14 DS-GVO Rn. 53 ff., der von eigenen Ausschlusstatbeständen ausgeht.
[68] Buchner/Tinnefeld, in: Kühling/Buchner, Art. 89 Rn. 10.
[69] Buchner/Tinnefeld, in: Kühling/Buchner, Art. 89 Rn. 13.

auf Betreiben des Parlaments, um zu verhindern, dass im Zeitalter von Big Data und Data Mining jede Analyse und Aufbereitung von Daten eine Sonderrolle als Wissenschaft beanspruchen kann.[70] Die erfasste wissenschaftliche Forschung ist aber nach Erwägungsgrund 159 S. 2 der DS-GVO weit auszulegen und schließt die technologische Entwicklung und die Demonstration, die Grundlagenforschung, die angewandte Forschung und die privat finanzierte Forschung ein.

Zwischen historischen Forschungszwecken und Archivzwecken kommt es oftmals zu Überschneidungen, da archivierte Akten, Historikern die Möglichkeit eröffnen, historische Ereignisse zu durchleuchten.[71]

Mit dem Begriff der statistischen Zwecke ist nach Erwägungsgrund 162 S. 3 der DS-GVO jeder für die Durchführung statistischer Untersuchungen und die Erstellung statistischer Ergebnisse erforderliche Vorgang der Erhebung und Verarbeitung personenbezogener Daten gemeint.

Der Formulierung „insbesondere" ist zu entnehmen, dass auch weitere Fälle denkbar sind.[72]

Im Rahmen der Abwägung ist der voraussichtliche Aufwand der Mitteilung mit dem Informationsinteresse der betroffenen Person abzuwägen.[73] Je wichtiger die Information für die betroffene Person ist, um von ihren Rechten wirksam Gebrauch machen zu können und je größer die Risiken der Datenverarbeitung für diese ist, desto ein höherer Aufwand ist dem Verantwortlichen für eine Information der betroffenen Person zuzumuten.[74] Bei der Abwägung kommt es nicht

---

[70] Buchner/Tinnefeld, in: Kühling/Buchner, Art. 89 Rn. 13.
[71] Buchner/Tinnefeld, in: Kühling/Buchner, Art. 89 Rn. 10.
[72] Paal/Hennemann, in: Paal/Pauly, Art. 14 DS-GVO Rn. 40.
[73] Vgl. Bäcker, in: Kühling/Buchner, Art. 14 DS-GVO Rn. 55.
[74] Vgl. Bäcker, in: Kühling/Buchner, Art. 14 DS-GVO Rn. 55.

auf die Unverhältnismäßigkeit des Aufwands zur Information der einzelnen betroffenen Personen an, denn nach Erwägungsgrund 62 S. 3 der DS-GVO gelten als Anhaltspunkte für die Unverhältnismäßigkeit neben dem Alter der Daten und etwaiger geeigneter Garantien auch die Zahl der betroffenen Personen.[75]

bb) Big Data Analysen

Im Zusammenhang mit der Verarbeitung von Daten zahlreicher betroffener Personen stellt sich die Frage, inwieweit bei Big Data Analysen die betroffenen Personen zu informieren sind. Derartige Verarbeitungen kommen insbesondere in Betracht, wenn der Verantwortliche personenbezogene Daten zum Zwecke der Durchführung von Big Data Analysen automatisiert aus Websites ausliest oder diese aus öffentlichen Registern erhält.

(1) Begriff Big Data

Auch wenn der Begriff Big Data mittlerweile in der Rechtswissenschaft immer größere Beachtung findet, weist dieser keine klaren Konturen auf.[76] Charakteristisch für Big Data sind eine neue Datenkomplexität und Komplexität der Analyse, die auf Basis dieser Daten durchgeführt wird.[77] Gemeinsam haben alle Definitionsversuche, dass auf das von der Gartner Unternehmensgruppe entwickelte 3-V-Modell (High Volume, High Variety und High Velocity) zurückgegriffen wird, das inzwischen um weitere Vs erweitert wurde[78], insbesondere Veracity und Value[79]. Mit

---

[75] So auch Schantz, in: Schantz/Wolff, Rn. 1169.
[76] Spindler/Seidel, NJW 2018, 2153, 2153.
[77] Markl, S. 4.
[78] Culik/Döpke, ZD 2017, 226, 227; zur Gartner Unternehmensgruppe siehe Gartner Unternehmensgrupppe, IT Glossary: Big Data, , https://www.gartner.com/it-glossary/big-data.
[79] Hoffmann-Riem, S. 19 f.

„High Volume" sind gewaltige Mengen von digitalen Daten gemeint.[80] „High Varienty" meint Daten unterschiedlicher Art und Qualität sowie verschiedene Möglichkeiten der Erhebung, Speicherung und des Zugriffs.[81] „High Velocity" meint die hohe Geschwindigkeit der Verarbeitung.[82] Mit „Veracity" sind neue und höchst leistungsfähige Formen der Datenverarbeitung zur Überprüfung der Stimmigkeit sowie der Qualitätssicherung gemeint.[83] „Value" meint neue Geschäfts- und Wertschöpfungsmöglichkeiten.[84]

Die mit Big Data zusammenhängenden Analysen (Big Data Analysen) werden regelmäßig ohne konkret vorformulierte Erwartungshaltung an das Ergebnis durchgeführt.[85] Diese ermöglichen Zusammenhänge und Beziehungen herzustellen, die zuvor überhaupt nicht offensichtlich oder vorhanden waren.[86]

Ob bei Erhebungen für Big Data Analysen allein wegen der Zahl der betroffenen Personen, die zu informieren sind, keine Informationspflicht besteht, hängt vom Einzelfall ab.[87] Maßgeblich ist die Eingriffsintensität und das Risiko für die betroffenen Personen. Daher können auch bei massenhaften Datenerhebungen Informationspflichten bestehen, wenn hierdurch intensiv in Grundrechte eingegriffen wird oder diese hohe Risiken für die betroffenen Personen begründen.[88]

---

[80] Hoffmann-Riem, S. 19.
[81] Hoffmann-Riem, S. 19.
[82] Hoffmann-Riem, S. 19.
[83] Hoffmann-Riem, S. 19.
[84] Hoffmann-Riem, S. 19 f.
[85] Vgl. Dorner, CR 2014, 617, 617.
[86] Klein, S. 9.
[87] Schantz, in: Schantz/Wolff, Rn. 1169; vgl. auch Werkmeister/Brandt, CR 2016, 233, 236: „kann im Einzelfall entfallen".
[88] Bäcker, in: Kühling/Buchner, Art. 14 DS-GVO Rn. 55; vgl. auch Werkmeister/Brandt, CR 2016, 233, 236: „kann im Einzelfall entfallen".

(2) Untersuchung anhand von Fallgruppen

Ob eine Informationspflicht wegen unverhältnismäßigen Aufwands nach Art. 14 Abs. 5 lit. b S. 1 Hs. 1 Var. 2 DS-GVO entfällt, wird im Folgenden anhand verschiedener Fallgruppen untersucht.

(a) Fallgruppe 1: Verarbeitung von personenbezogenen Daten nur weniger Personen – Kontaktdaten sind gespeichert

> In Fallgruppe 1: Es werden zahlreiche personenbezogene Daten verarbeitet, aber nur von wenigen Personen. Die Kontaktdaten der betroffenen Personen sind gespeichert.

Auch wenn nur Daten weniger Personen verarbeitet werden, kann es sich um Big Data Analysen handeln, wenn zahlreiche Daten dieser Personen verarbeitet werden, z.B. wenn der Verantwortliche vollständige Datensätze von betroffenen Personen von einem Dritten erhält, die durch IoT-Devices erhoben wurden.

In diesen Fällen dürfte die Erteilung der Informationen nach Art. 14 Abs. 1 und 2 DS-GVO mit geringem Aufwand möglich sein, da nur wenige Personen zu informieren sind. Im Regelfall wird daher eine Informationspflicht nicht wegen unverhältnismäßigem Aufwand entfallen.

(b) Fallgruppe 2: Verarbeitung von personenbezogenen Daten zahlreicher Personen – E-Mail-Adressen sind gespeichert

Fallgruppe 2: Es werden personenbezogene Daten von zahlreichen Personen verarbeitet. Der Verantwortliche hat die E-Mail-Adressen der betroffenen Personen gespeichert.

Da der Verantwortliche in dieser Fallgruppe die betroffenen Personen per E-Mail informieren kann, ist eine Information häufig mit nur geringem zeitlichem und finanziellem Aufwand möglich. Daher wird eine Informationspflicht im Regelfall nicht wegen unverhältnismäßigem Aufwand entfallen.

(c) Fallgruppe 3: Verarbeitung von personenbezogenen Daten zahlreicher Personen – Kontaktdaten sind gespeichert, aber keine E-Mail-Adressen

Fallgruppe 3: In dieser Fallgruppe werden personenbezogene Daten von zahlreichen Personen verarbeitet. Der Verantwortliche hat keine E-Mail-Adressen der betroffenen Personen gespeichert, lediglich die Telefonnummern oder Postadressen.

Variante 1: Es werden keine besonderen Kategorien personenbezogener Daten verarbeitet.

Bei dieser Variante werden keine besonderen Kategorien personenbezogener Daten verarbeitet.

29

Der Aufwand zur Bereitstellung der Informationen ist in dieser Variante hoch, denn die betroffenen Personen können mangels Kenntnis der E-Mail-Adressen nicht per E-Mail informiert werden. In Betracht kommt in dieser Fallgruppe lediglich eine Information per Post oder per Telefon. Eine postalische Information wird zwar in vielen Fällen mittels Seriendruck nicht unverhältnismäßig zeitaufwändig sein, sie wird allerdings im Regelfall aufgrund der hierfür anfallenden Portokosten unverhältnismäßig kostenaufwändig sein.

Eine telefonische Information wird üblicherweise aufgrund von Telefon-Flatrateangeboten zu keinen unverhältnismäßig hohen Telefonkosten führen, allerdings ist eine solche Information sehr zeitaufwändig.

Da in dieser Variante im Regelfall dem hohen Informationsaufwand kein gesteigertes Informationsinteresse der betroffenen Personen entgegensteht, da keine besonderen Kategorien personenbezogener Daten verarbeitet werden, dürfte die Erteilung der Informationen nach Art. 14 Abs. 1 und 2 DS-GVO im Regelfall einen unverhältnismäßigen Aufwand erfordern und daher die Informationspflicht nach Art. 14 Abs. 5 lit. b S. 1 Hs. 1 Var. 2 DS-GVO entfallen.

Variante 2: Es werden besondere Kategorien personenbezogener Daten im Sinne von Art. 9 Abs. 1 DS-GVO verarbeitet. Die Verarbeitung erfolgt nicht für im öffentlichen Interesse liegende Archivzwecke, nicht für historische Forschungszwecke und nicht für statistische Zwecke.

In dieser Variante steht dem hohen Aufwand des Verantwortlichen zur Information der betroffenen Personen ein gesteigertes

Informationsinteresse der betroffenen Personen entgegen, da die Verarbeitung besonderer Kategorien personenbezogener Daten ausweislich Art. 9 DS-GVO vom Verordnungsgeber als besonders schutzwürdig angesehen ist[89].

Ob in dieser Variante die Informationspflicht entfällt, hängt derart vom Einzelfall ab, dass keine Aussagen zu einer Tendenz möglich sind.

Variante 3: Es werden besondere Kategorien personenbezogener Daten im Sinne von Art. 9 DS-GVO verarbeitet. Die Verarbeitung erfolgt für im öffentlichen Interesse liegende Archivzwecke, historische Forschungszwecke oder für statistische Zwecke.

In dieser Variante muss neben dem hohen Aufwand des Verantwortlichen zur Information der betroffenen Person noch berücksichtigt werden, dass die Daten zu privilegierten Zwecken verarbeitet werden. Die Privilegierung ergibt sich daraus, dass derartige Verarbeitungen in Art. 14 Abs. 5 lit. b S. 1 Hs. 2 DS-GVO ausdrücklich als Beispiele für einen unverhältnismäßigen Aufwand genannt sind. In diesen Fällen wird meist eine Informationspflicht gem. Art. 14 Abs. 5 lit. b S. 1 Hs. 1 Var. 2 DS-GVO entfallen.

---

[89] Vgl. bzgl. der besonderen Schutzwürdigkeit Schulz, in: Gola, Art. 9 DS-GVO Rn. 1.

(d) Fallgruppe 4: – Kontaktdaten sind nicht gespeichert, können aber ermittelt werden

Fallgruppe 4: In dieser Fallgruppe werden personenbezogene Daten von zahlreichen Personen verarbeitet. Der Verantwortliche hat keine Kontaktdaten der betroffenen Personen gespeichert, hat aber die Möglichkeit diese zu ermitteln, beispielsweise aus öffentlichen Quellen.

Teilweise wird es als ein Fall von Art. 11 Abs. 1 DS-GVO gesehen, wenn der Verantwortliche die betroffene Person nur mit Hilfe weiterer Datenerhebungen kontaktieren kann.[90] Damit verbunden wäre die Folge, dass der Verantwortliche in einem solchen Fall nicht verpflichtet ist, die Kontaktdaten zu ermitteln. In dem Zusammenhang wird in der Literatur ausgeführt, dass die DS-GVO keine Anwendung finde, wenn eine Person unter den in Art. 2 Abs. 1, Art. 4 Nr. 1 DS-GVO genannten Voraussetzungen nicht identifizierbar ist. Daher könne Art. 11 Abs. 1 DS-GVO nur greifen, wenn zwar personenbezogene Daten vorliegen, aber bestimmte Informationen, die zur Erfüllung der Pflichten gegenüber den betroffenen Personen benötigt werden, nicht vorliegen.[91]

Diese Literaturansicht berücksichtigt allerdings nicht ausreichend, dass es in Art. 11 Abs. 1 DS-GVO um die Identifizierung und nicht um Kontaktdaten geht. Personenbezogene Daten sind gem. Art. 4 Nr. 1 DS-GVO auch solche Informationen sind, die sich auf eine identifizierbare Person beziehen. Eine Identifizierbarkeit liegt vor, wenn der Verantwortliche Mittel zur Identifizierung besitzt und damit

---

[90] Vgl. Gola, in: Gola, Art. 11 DS-GVO Rn. 5 ff.
[91] Gola, in: Gola, Art. 11 DS-GVO Rn. 5.

zu rechnen ist, dass er von diesen Gebrauch macht.[92] Der EuGH hat im Jahr 2016 dynamische IP Adressen als personenbezogene Daten qualifiziert, da die rechtliche Möglichkeit besteht, mit Hilfe der zuständigen Behörde und dem Internetzugangsanbieter, die betreffende Person anhand einer IP-Adresse bestimmen zu lassen.[93] Auch wenn der Verantwortliche die verfügbaren Mittel zur Identifizierung nicht nutzt, bleiben die Daten personenbezogen.[94] Richtigerweise bezieht sich Art. 11 Abs. 1 DS-GVO daher auf Fälle, in denen eine Identifizierung möglich ist, die verfügbaren Mittel zur Identifizierung aber nicht genutzt werden.[95] Eine Befreiung von der Informationspflicht nach Art. 11 Abs. 1 DS-GVO besteht nur dann, wenn die Bereitstellung der Informationen eine Identifizierung voraussetzt[96]. Dies dürfte in der Regel nicht der Fall sein.

Soweit eine Identifizierung der betroffenen Person nicht erforderlich ist, gelten die Ausführungen zu den Fallgruppen 1 und 3 entsprechend. Soweit nur personenbezogene Daten von wenigen Personen verarbeitet werden, wird es im Regelfall zumutbar sein, die Kontaktdaten der betroffenen Personen zu ermitteln und diese zu informieren (vgl. Fallgruppe 1).

In Fällen, in denen personenbezogene Daten zahlreicher Personen verarbeitet werden, kommt es auf die Arten der verarbeiteten Daten an. Soweit keine besonderen Kategorien personenbezogener Daten verarbeitet werden oder besondere Kategorien personenbezogener Daten für im öffentlichen Interesse liegende Archivzwecke, historische Forschungszwecke oder für statistische Zwecke verarbeitet

---

[92] Wolff, in: BeckOK Datenschutzrecht, Art. 11 DS-GVO Rn. 11.
[93] EuGH EuZW 2016, 909 Rn. 48 – dynamische IP-Adressen.
[94] Wolff, in: BeckOK Datenschutzrecht, Art. 11 DS-GVO Rn. 12.
[95] So auch Wolff, in: BeckOK Datenschutzrecht, Art. 11 DS-GVO Rn. 12.
[96] Vgl. Wolff, in: BeckOK Datenschutzrecht, Art. 11 DS-GVO Rn. 14, der die Notwendigkeit einer „Individualiserung" für die Erfüllung der Pflichten voraussetzt.

werden, wird in den meisten Fällen entsprechend Varianten 1 und 3 von Fallgruppe 3 eine Informationspflicht gem. Art. 14 Abs. 5 lit. b S. 1 Hs. 1 Var. 2 DS-GVO entfallen. Zu berücksichtigen ist hierbei, dass die Ermittlung der Kontaktdaten als zusätzlicher Aufwand für den Verantwortlichen dazu kommt und bei der Abwägung beachtet werden muss. Im Übrigen muss im Rahmen der Abwägung auch der Grundsatz der Datenminimierung (Art. 5 Abs. 1 lit. c DS-GVO) berücksichtigt werden, wonach die personenbezogenen Daten dem Zweck angemessen und erheblich sowie auf das für die Zwecke der Verarbeitung notwendige Maß berücksichtigte werden müssen. Soweit Kontaktdaten nicht für die Verarbeitungszwecke erforderlich sind, sind diese grundsätzlich nicht zu erheben, denn je mehr Daten erhoben werden, desto stärker werden die betroffenen Personen in ihren Rechten beeinträchtigt. Werden beispielsweise neben den für den Verarbeitungszweck ausreichenden Namen auch noch die E-Mail-Adressen verarbeitet, beeinträchtigt dies die betroffenen Personen deutlich stärker, wenn beispielsweise unbefugte Dritte die Datensätze kopieren, als wenn nur die Namen gespeichert wären, da die unbefugten Dritten den betroffenen Personen somit belästigende Werbe- oder Phishing-E-Mails zusenden können. Aus diesen Gründen wird man ein Entfallen der Informationspflicht in noch mehr Fällen annehmen können, als in den Fallgruppe 3.

In Fällen, in denen besondere Kategorien personenbezogener Daten verarbeitet werden, die nicht für im öffentlichen Interesse liegende Archivzwecke, historische Forschungszwecke oder für statistische Zwecke verarbeitet werden (vgl. Fallgruppe 3 Variante 2), kommt es, auch wenn nicht die Kontaktdaten gespeichert sind, derart auf den Einzelfall an, dass keine Aussagen zu einer Tendenz möglich sind. Auch hier muss aber der zusätzliche Aufwand für die Ermittlung der Kontaktdaten sowie der Grundsatz der Datenminimierung berücksichtigt werden, so dass daher ein Entfallen der Informationspflicht in mehr Fällen anzunehmen sein dürfte, als in

Fallgruppe 3.

(e)   Fallgruppe 5: Die betroffenen Personen sind nicht identifiziert

> Fallgruppe 5: Die betroffenen Personen sind nicht identifiziert.

Soweit die betroffenen Personen nicht identifiziert sind, z.B. weil diese sich nur mit einem Pseudonym angemeldet haben, können diese jedenfalls dann kontaktiert werden, wenn diese Kontaktdaten angegeben haben, z.B. eine E-Mail-Adresse bei einem kostenlosen Anbieter, die keine Identifizierung ermöglicht (z.B. ichbleibeanonym@domaindeskostenlosesenanbieters.de). In diesem Fall gelten die Fallgruppen 1, 2 und 3 entsprechend. Eine Befreiung von der Informationspflicht nach Art. 11 Abs. 1 DS-GVO besteht nach der hier vertretenen Ansicht nur dann, wenn die Bereitstellung der Informationen eine Indentifizierung voraussetzt[97], was in der Regel nicht der Fall ist.

(f)   Fallgruppe 6: Kontaktdaten sind nicht gespeichert und können auch nicht ermittelt werden

> Fallgrupp 6: Die Kontaktdaten der betroffenen Personen sind nicht gespeichert und können auch nicht ermittelt werden.

Soweit der Verantwortliche die Kontaktdaten der betroffenen Personen nicht gespeichert hat und diese auch nicht ermitteln kann, ist

---

[97] Vgl. auch Wolff, in: BeckOK Datenschutzrecht, Art. 11 DS-GVO Rn. 14, der die Erforderlichkeit einer „Individualisierung" für die Erfüllung der Pflichten voraussetzt.

eine Mitteilung an die betroffenen Personen unmöglich. In einem solchen Fall scheidet eine Informationspflicht bereits gem. Art. 14 Abs. 5 lit. b S. 1 Hs. 1 Var. 1 DS-GVO wegen Unmöglichkeit aus.

(3) Alternative Lösungsmöglichkeit: Durchführung von Analysen mit anonymen Daten

Sofern die Erfüllung der Informationspflichten für den Verantwortlichen mit zu vielen Unannehmlichkeiten verbunden ist, könnte dieser auch prüfen, ob die Big Data Analysen mit anonymen Daten durchgeführt werden können. In einem solchen Fall, müsste nicht nach Art. 14 DS-GVO informiert werden.

d) Ausdrückliche Regelung

Eine Erteilung von Informationen ist gem. Art. 14 Abs. 5 lit. c DS-GVO nicht erforderlich, wenn die Erlangung oder Offenlegung durch Rechtsvorschriften der EU oder der Mitgliedsstaaten, denen der Verantwortliche unterliegt und die geeignete Maßnahmen zum Schutz der berechtigten Interessen der betroffenen Person vorsehen, ausdrücklich geregelt ist.

Der deutsche Gesetzgeber hat insbesondere durch folgende Regelungen von seiner Regelkompetenz nach Art. 23 und 85 Abs. 2 DS-GVO Gebrauch gemacht[98]: § 4 Abs. 2 und 4 BDSG-neu, § 29 Abs. 1 S. 1 BDSG-neu, § 33 Abs. 1 BDSG-neu, § 32b AO, § 82a SGB X.

e) Berufsgeheimnis

Die Informationspflichten des Verantwortlichen entfallen gem. Art. 14

---

[98] Franck, in: Gola, Datenschutz-Grundverordnung, Art. 14 Rn. 23, 28 ff. mit Hinweisen auf Verstöße gegen das Europarecht.

Abs. 5 lit. d DS-GVO in den Fällen, in denen die personenbezogenen Daten gemäß dem Unionsrecht oder dem Recht der Mitgliedsstaaten dem Berufsgeheimnis, einschließlich einer satzungsmäßigen Geheimhaltungspflicht, unterliegen und daher vertraulich behandelt werden müssen.

G. Keine Erforderlichkeit über bereits erhobene Daten zu informieren (kein „Transparenz-Reset")

Soweit personenbezogene Daten bereits vor dem 25.05.2018 erhoben wurden und die betroffenen Personen zuvor ordnungsgemäß nach altem Recht informiert wurden, müssen diese nicht lediglich aufgrund der geänderten Rechtslage nach Art. 13 oder 14 DS-GVO informiert werden (kein „Transparenz-Reset").[99] Dies ergibt sich daraus, dass die Erhebungsphase mit Geltung der Verordnung bereits abgeschlossen ist.[100] Im Übrigen ist von einer nachvollziehbaren Verarbeitung im Sinne des Art. 5 Abs. 1 lit. a DS-GVO auszugehen, wenn die Daten unter Geltung eines angemessenen Transparenzregimes nach den §§ 4, 33 BDSG-alt (Art. 10, 11 DS-RL) erhoben wurden.[101]

H. Formvorgaben

I. Allgemeine Formvorgaben

Die Informationen nach Art. 13 und 14 DS-GVO sind gem. Art. 12 Abs. 1 S. 1 Hs. 1 DS-GVO in präziser, transparenter, verständlicher und leicht zugänglicher Form in einer klaren und einfachen Sprache zu übermitteln. Die Tatbestandsmerkmale überschneiden sich zum Teil und sind nicht frei von Redundanzen.[102] Unter Präzision ist eine

---

[99] Franck, ZD 2017, 509, 512; Franck, in: Gola, Art. 13 DS-GVO Rn. 37.
[100] Franck, ZD 2017, 509, 512.
[101] Franck, ZD 2017, 509, 512; Franck, in: Gola, Art. 13 DS-GVO Rn. 37.
[102] Paal/Hennemann, in: Paal/Pauly, Art. 12 DS-GVO Rn. 27.

exakte inhaltliche Richtigkeit und Vollständigkeit der übermittelten Informationen sowie das Weglassen überflüssiger Angaben zu verstehen.[103] Mit Transparenz ist gemeint, dass der Inhalt an sich erkennbar ist.[104] Mit Verständlichkeit ist gemeint, dass die Informationen deutlich und erfassbar sind, sowohl visuell als auch begrifflich.[105] Eine leichte Zugänglichkeit bezieht sich auf die äußere Darreichungsform und ist eng mit der Verständlichkeit verzahnt.[106] Eine klare und einfache Sprache setzt insbesondere voraus, dass nicht erforderliches Fachvokabular sowie Schachtelsätze vermieden werden.[107]

Gem. Art. 12 Abs. 1 S. 1 Hs. 1 DS-GVO werden Kinder als besonders schutzwürdige Adressaten hervorgehoben.[108] Eine kindgerechte Sprache ist allerdings nur bei Angeboten erforderlich, die sich nach Inhalt und Ausgestaltung speziell an Kinder richten.[109]

Gem. Art. 12 Abs. 1 S. 2 DS-GVO erfolgt die Übermittlung der Informationen schriftlich oder in anderer Form, gegebenenfalls auch elektronisch. Aus dem Umkehrschluss aus Art. 12 Abs. 1 S. 3 DS-GVO ergibt sich, dass die Information grundsätzlich in fixierter Form zu erfolgen hat.[110]

Eine mündliche Information kommt gem. Art. 12 Abs. 1 S. 3 DS-GVO nur dann in Betracht, wenn die betroffene Person dies verlangt und die Identität der betroffenen Person in anderer Form nachgewiesen wurde. Sinn und Zweck der letztgenannten Voraussetzung ist die Vermeidung einer Übermittlung an nicht

---

[103] Paal/Hennemann, in: Paal/Pauly, Art. 12 DS-GVO Rn. 28.
[104] Quaas, in: BeckOK Datenschutzrecht, Art. 12 DS-GVO Rn. 14.
[105] Quaas, in: BeckOK Datenschutzrecht, Art. 12 DS-GVO Rn. 15.
[106] Franck, in: Gola, Art. 12 DS-GVO Rn. 21.
[107] Paal/Hennemann, in: Paal/Pauly, Art. 12 DS-GVO Rn. 33.
[108] Paal/Hennemann, in: Paal/Pauly, Art. 12 DS-GVO Rn. 36.
[109] Paal/Hennemann, in: Paal/Pauly, Art. 12 DS-GVO Rn. 36.
[110] Paal/Hennemann, in: Paal/Pauly, Art. 12 DS-GVO Rn. 38.

berechtigte Dritte.[111] Besser verständlich wird die Erforderlichkeit des Nachweises der Identität der betroffenen Person, wenn man bedenkt, dass die Norm nicht nur für die Artikel 13 und 14 DS-GVO, sondern auch für die Art. 15 bis 22 sowie 34 DS-GVO gilt, da für diese Fälle der Anwendungsbereich klarer ist. Die Erforderlichkeit eines Nachweises der Identität dürfte im Rahmen der Informationspflichten bei Direkterhebungen nur selten relevant sein, da in den meisten Fällen einer Direkterhebung klar sein dürfte, wessen Daten erhoben werden und diese Person zu informieren ist, so dass keine Gefahr dahingehend besteht, dass eine Übermittlung von Informationen an nicht berechtigte Dritte erfolgt.

II. Zulässigkeit eines Medienbruchs

Im Hinblick auf die Form der nach Art. 13 DS-GVO bereitzustellenden Informationen stellt sich die Frage, ob die Informationen durch ein anderes Medium (z.B. eine Website) bereitgestellt werden können, als mit dem die Daten erhoben werden (z.B. mittels Postkarte oder per Telefon), so dass der Betroffene das Medium wechseln muss, um die Informationen erhalten zu können (sog. Medienbruch). Diese Frage wird im Verordnungstext nicht beantwortet.[112] In der Verordnung (Art. 12 Abs. 1 S. 1 DS-GVO) und den Erwägungsgründen (39 und 58) wird lediglich der leichte Zugang betont.[113]

In der Praxis stellt sich die Frage der Zulässigkeit eines Medienbruchs häufig bei einer Datenerhebung am Telefon („Callcenter") oder mittels Formulars auf einer Postkarte. Fraglich ist hierbei, ob es ausreichend ist, wenn eine Url genannt wird, unter der Datenschutzhinweise abrufbar sind.

---

[111] Vgl. Greve, in: Sydow, Art. 12 DS-GVO Rn. 21.
[112] So auch Paal/Hennemann, in: Paal/Pauly, Art. 13 DS-GVO Rn. 5a; Franck, in: Gola, Art. 13 DS-GVO Rn. 40.
[113] GDD-Praxishilfe DS-GVO VII, S. 6.

1.) Meinungen in der Literatur und vom GDD

Teilweise wird in der Literatur mit Verweis auf das Gebot leichter Zugänglichkeit (Art. 12 Abs. 1 S. 1 DS-GVO) die Ansicht vertreten, dass ein Medienbruch nicht zulässig sei.[114]

Andere Autoren sind hingegen der Ansicht, dass es ausreichend sei, wenn neben der unmittelbaren Angabe essentieller Informationen z.B. ein Verweis auf eine Kurz-URL nebst QR-Code bereitgestellt wird und hierunter die weiteren Informationen abrufbar sind.[115] Dies wird damit begründet, dass ein leichter Zugang nicht im Sinne einer unmittelbaren Beifügung zu verstehen und die DS-GVO von einer Hinwendung zum Digitalen geprägt sei.[116] Im Übrigen ließen es manche Verarbeitungssituationen schlichtweg nicht zu, einen mehrseitigen Abdruck der Transparenzinformationen unmittelbar zur Verfügung zu stellen. Zudem überfordere ein Übermaß an Informationen den Betroffenen und ließe wesentliche Informationen untergehen.[117] Auch die Gesellschaft für Datenschutz und Datensicherheit e.V. (GDD) hält aus diesen Gründen ein Verfahren für zulässig, wonach essentielle Informationen unmittelbar bereitgestellt werden und die weiteren Informationen auf einer gesonderten Internetseite oder per Faxabruf oder ähnlichem bereitgehalten werden.[118]

2.) Aufsichtsbehörden

In einem von der Datenschutzkonferenz (DSK) herausgegebenen Kurzpapier wird die Ansicht vertreten, dass die Informationen in der

---

[114] Bäcker, in: Kühling/Buchner, Art. 13 DS-GVO Rn. 58.

[115] Franck, in: Gola, Art. 13 DS-GVO Rn. 40.

[116] Franck, in: Gola, Art. 13 DS-GVO Rn. 40; zur Hinwendung zum Digitalen siehe auch Reding, ZD 2012, 195.

[117] Franck, in: Gola, Art. 13 DS-GVO Rn. 40.

[118] GDD-Praxishilfe DS-GVO VII, S. 5 ff.

konkreten Situation verfügbar sein müssen und bei einer Datenerhebung von Anwesenden oder mittels Korrespondenz auf dem Papierweg „in der Regel" nicht auf Informationen im Internet verwiesen werden dürfe.[119]

Die Landesbeauftragte für den Datenschutz Niedersachsen empfiehlt in den Hinweisen zu Transparenzanforderungen und Hinweisbeschilderung bei einer Videoüberwachung durch nichtöffentliche Stellen eine gestufte Informationserteilung. Demnach müsse im Fall einer Videoüberwachung vor dem Betreten des überwachten Bereichs zwingend ein Hinweisschild mit den wesentlichen Informationen und darüber hinaus ein ausführliches Informationsblatt an anderer, gut zugänglicher Stelle angebracht bzw. vorgehalten werden. Ergänzt werden könnten diese Informationen durch einen QR-Code oder eine Internetadresse.[120] Da es sich bei den Informationen auf der Website um eine Ergänzung handeln soll[121], spricht sich die Landesbeauftragte für den Datenschutz Niedersachsen

---

[119] DSK, Kurzpapier Nr. 10, Informationspflichten bei Dritt- und Direkterhebung, S. 3.

[120] Die Landesbeauftragte für den Datenschutz Niedersachsen, Transparenzanforderungen und Hinweisbeschilderung bei einer Videoüberwachung durch nichtöffentliche Stellen, https://www.lfd.niedersachsen.de/startseite/dsgvo/transparenzanforderungen-und-hinweisbeschilderung-bei-einer-videoueberwachung-nach-der-ds-gvo-158959.html.

[121] „Während also die o.g. Pflichtangaben in jedem Fall auf dem vorgelagerten Hinweisschild anzugeben sind, kann auf die weiteren zu erteilenden Informationen auf dem Hinweisschild verwiesen werden. Hier ist folglich anzugeben wo dies geschieht, z.B. durch Aushang oder Auslage, ergänzt z.B. durch QR-Code, Internetadresse." (Die Landesbeauftragte für den Datenschutz Niedersachsen, Transparenzanforderungen und Hinweisbeschilderung bei einer Videoüberwachung durch nichtöffentliche Stellen, https://www.lfd.niedersachsen.de/startseite/dsgvo/transparenzanforderungen-und-hinweisbeschilderung-bei-einer-videoueberwachung-nach-der-ds-gvo-158959.html).

nicht für einen Medienbruch in dem Sinne aus, dass nur ein Teil der Pflichtinformationen über ein Hinweisschild und die fehlenden Informationen über eine Website bereitgestellt werden können.

In den Hinweisen für selbstständige Heilberufler vom unabhängigen Landeszentrum für Datenschutz Schleswig Holstein wird hingegen darauf hingewiesen, dass einem Patienten „am einfachsten" bei der Erhebung von Daten mittels Flyer oder Handzettel die wichtigsten Informationen zur Verfügung gestellt werden und hierauf auf eine Website verwiesen wird, auf der weitere Informationen abrufbar sind.[122] Im Übrigen sei es bei einer telefonischen Terminvereinbarung nicht erforderlich, den Patienten die Informationen schon am Telefon vorzulesen. In einem solchen Fall genüge es, wenn die Informationen auf der Homepage der Praxis leicht auffindbar seien.[123] Bei diesen vorgeschlagenen Vorgehensweisen handelt sich um Medienbrüche.

Der Hessische Beauftragte für Datenschutz und Informationsfreiheit vertritt die Ansicht, dass ein Verweis auf eine Website zulässig sei, z.B. durch Verlinkung oder Angabe eines QR-Codes. Dies folge aus Art. 12 Abs. 1 S. 2 DS-GVO, wonach ein Medienbruch im Bereich der Informationspflichten möglich sei.[124] Für die Zulässigkeit eines Medienbruchs spreche auch Erwägungsgrund 58 der DS-GVO, der

---

[122] Unabhängiges Landeszentrum für Datenschutz Schleswig Holstein, Die Datenschutz-Grundverordnung tritt in Kraft – das müssen selbstständige Heilberufler beachten, https://www.datenschutzzentrum.de/artikel/1220-Die-Datenschutz-Grundverordnung-tritt-in-Kraft-das-muessen-selbstaendige-Heilberufler-beachten.html.
[123] Unabhängiges Landeszentrum für Datenschutz Schleswig Holstein, Die Datenschutz-Grundverordnung tritt in Kraft – das müssen selbstständige Heilberufler beachten, https://www.datenschutzzentrum.de/artikel/1220-Die-Datenschutz-Grundverordnung-tritt-in-Kraft-das-muessen-selbstaendige-Heilberufler-beachten.html.
[124] Der Hessische Beauftragte für Datenschutz und Informationsfreiheit , Häufig gestellte Fragen – HGF, https://datenschutz.hessen.de/infothek/h%C3%A4ufig-gestellte-fragen-hgf. Themenfeld Informationspflichten.

eine Information auf elektronischem Weg ausdrücklich vorsehe. Außerdem würden Verständlichkeit und Präzision erheblich darunter leiden, wenn unabhängig von der Art der Kontaktaufnahme eine umfassende Information über das selbe Medium erforderlich wären. Dies gelte insbesondere für Anrufer, denen die vollständigen Datenschutzhinweise vorgelesen werden müssten. Aufgrund praktischer Erwägungen müsse ein Verweis auf eine Website zulässig sein.[125] Ein Verweis auf eine Website sei aber dann nicht ausreichend, wenn offensichtlich ist, dass die betroffene Person der Verweisung nicht folgen kann, weil z.B. der Zugang zum Internet nicht besteht.[126]

3.) Artikel 29-Datenschutzgruppe

Die Artikel 29-Datenschutzgruppe befürwortete bereits im Working Paper (WP) 100 in der Fassung vom 25. November 2004 „das Prinzip, nach dem eine Erklärung über eine Verarbeitung nach Treu und Glauben nicht unbedingt in einem einzigen Dokument enthalten sein muss"[127]. Es sei ausreichend, wenn die Informationen für die betroffenen Personen auf mehreren Ebenen verteilt werden und die Gesamtheit der Ebenen den rechtlichen Anforderungen entspräche.[128] Die Artikel 29-Datenschutzgruppe hält auch in ihrem Working Paper 260 an dieser Bereitstellung auf mehreren Ebenen fest.[129] Im Hinblick auf Telefongespräche wird hierbei ausgeführt, dass die essentiellen Informationen direkt am Telefon bereitgestellt werden und die

---

[125] Der Hessische Beauftragte für Datenschutz und Informationsfreiheit , Häufig gestellte Fragen – HGF, https://datenschutz.hessen.de/infothek/h%C3%A4ufig-gestellte-fragen-hgf. Themenfeld Medienbruch.
[126] Der Hessische Beauftragte für Datenschutz und Informationsfreiheit , Häufig gestellte Fragen – HGF, https://datenschutz.hessen.de/infothek/h%C3%A4ufig-gestellte-fragen-hgf. Themenfeld Informationspflichten.
[127] Artikel 29-Datenschutzgruppe, WP 100, S. 8.
[128] Artikel 29-Datenschutzgruppe, WP 100, S. 8.
[129] Artikel 29-Datenschutzgruppe, WP 260, Rz. 35 ff.

weiteren Informationen per E-Mail oder durch Nennung eines Links auf eine Website, unter dem die weiteren Informationen abrufbar sind.[130]

4.) Eigene Stellungnahme

Wie bereits ausgeführt, gibt der Wortlaut von Art. 12 Abs. 1 S. 1 DS-GVO, „leicht zugängliche Form" („easily accessible form", „façon [...] aisément accessible"), keine Antwort darauf, ob ein Medienbruch zulässig ist. Die Pflicht mittels desselben Mediums zu informieren, lässt sich dem Wortlaut jedenfalls nicht entnehmen.

Sinn und Zweck der Pflicht zur Informationsbereitstellung sind, dass die Informationen wahrgenommen und ohne übermäßigen kognitiven und zeitlichen Aufwand verstanden werden können, damit die betroffene Person insbesondere ihre Rechte wahrnehmen kann.[131] Unter diesem Aspekt ist zu berücksichtigen, dass durch einen Medienbruch in vielen Fällen ein besseres Verständnis erreicht werden kann. So dürften vorgelesene Informationen am Telefon für viele weniger leicht verständlich sein, als wenn auf eine leicht zu merkende URL verwiesen wird, wie z.B. „http://www.namedesverantwortlichen.de/datenschutz", unter der die gesamten Datenschutzinformationen abrufbar sind. Ein Übermaß an Informationen führt auf vielen Medien zu einem schlechten Verständnis.[132] Neben einem Vorlesen am Telefon dürfte dies auch bei Informationen auf einer Postkarte der Fall sein, da die Informationen sehr klein abgedruckt sein müssten, da andernfalls nicht ausreichend Platz auf der Postkarte wäre. Das in der Literatur hervorgebrachte Argument des Gebots leichter Zugänglichkeit gegen

---

[130] Artikel 29-Datenschutzgruppe, WP 260, S. 20, Rz. 38.
[131] Vgl. Quaas, in: BeckOK Datenschutzrecht, Art. 12 DS-GVO Rn. 4; Bäcker, in: Kühling/Buchner, Art. 12 DS-GVO Rn. 11.
[132] Vgl. zu einer Überforderung bei einem Übermaß an Informationen allgemein GDD-Praxishilfe DS-GVO VII, S. 5.

die Zulässigkeit eines Medienbruchs spricht aus diesen Gründen bei genauer Betrachtung nicht gegen die Zulässigkeit. Sinn und Zweck der Norm sprechen vielmehr für die Zulässigkeit eines Medienbruchs.

Auch aus dem Willen des Verordnungsgebers lässt sich ableiten, dass dieser eine Bereitstellung von Informationen auf einer Website als ein vorzugswürdiges Medium ansah. Gemäß Erwägungsgrund 58 S. 2 der DS-GVO können Informationen auf einer für die Öffentlichkeit bestimmten Website bereitgestellt werden. Insbesondere gilt dies gemäß Erwägungsgrund 58 S. 3 der DS-GVO in Situationen, in denen, die große Zahl der Beteiligten und die Komplexität der dazu benötigten Technik es der betroffenen Person schwer machen, zu erkennen und nachzuvollziehen, ob, von wem und zu welchem Zweck betreffende personenbezogene Daten erfasst werden. Aus historisch-genetischer Sicht ist demnach zu schließen, dass der Verordnungsgeber im Falle einer Bereitstellung von Informationen auf einer Website davon ausging, dass dies einer guten Verständlichkeit dient. Da die Bereitstellung auf einer Website ausdrücklich in den Erwägungsgründen erwähnt ist, kann daraus auch geschlossen werden, dass hierdurch das geforderte Kriterium der leichten Zugänglichkeit nicht zu verneinen ist. Zwar ist ein Medienbruch in den Erwägungsgründen nicht ausdrücklich erwähnt und daher der Wille des Verordnungsgebers nicht zweifelsfrei zu entnehmen. Diesen lässt sich aber entnehmen, dass eine Website grundsätzlich zu den vorzugswürdigen Medien zur Bereitstellung von Informationen zählt, um etwa Sinn und Zweck der Informationspflichten erfüllen zu können. Daraus lässt sich schließen, dass diese Form der Informationsbereitstellung gegenüber mündlichen oder telefonischen Mitteilungen vorzugswürdig ist. Dies dürfte auch dann gelten, wenn eine Datenerhebung telefonisch erfolgt, da es insbesondere bei telefonischen Mitteilungen schwierig ist, sämtliche Informationen nachzuvollziehen und sich diese zu merken. Die Erwägungsgründe sprechen daher eher für die Zulässigkeit eines

Medienbruchs.

Da das Erfordernis an eine leicht zugängliche Form ein Novum darstellt[133], ist eine dogmengeschichtliche Auslegung im Hinblick auf die leichte Zugänglichkeit nicht zielführend.

In systematischer Hinsicht ist zu berücksichtigen, dass eine mündliche Information oder Mitteilung nur im Ausnahmefall in Betracht kommt und zwar gem. Art. 12 Abs. 1 S. 3 DS-GVO nur dann, wenn die betroffene Person dies verlangt und keine Zweifel an ihrer Identität besteht[134]. Daher wäre es systemwidrig, wenn im Falle einer telefonischen Datenerhebung wegen nicht zulässigen Medienbruchs die Informationen – unabhängig vom Vorliegen der Voraussetzungen des Art. 12 Abs. 1 S. 3 DS-GVO - zwingend mündlich mitgeteilt werden müssten und nicht auf eine Website verwiesen werden darf, auf der die Informationen abrufbar sind. Aus systematischen Gründen ergibt sich demnach, dass ein Medienbruch grundsätzlich zulässig sein muss.

Systematisch sind auch benachbarte Rechtsgebiete zu beleuchten, um auch dahingehend logische Widersprüche zu vermeiden[135]. In einer wettbewerbsrechtlichen Sache hat sich der EuGH in bestimmten Konstellationen für die Zulässigkeit eines Medienbruchs ausgesprochen. Er hat sich dahingehend geäußert, dass Angaben zu Anschrift und Identität eines Gewerbetreibenden grundsätzlich in der Aufforderung zum Kauf gemacht werden müssten, dies aber nicht zwingend geschehen müsse, wenn durch das für die Geschäftspraxis verwendete Kommunikationsmedium räumliche Beschränkungen auferlegt würden, sofern die Verbraucher diese Informationen auf

---

[133] Bäcker, in: Kühling/Buchner, Art. 12 DS-GVO Rn. 2; vgl. auch Härting Rn. 61 bzgl. § 4 Abs. 3 und § 33 Abs. 1 BDSG-alt.
[134] Franck, in: Gola, Art. 12 DS-GVO Rn. 24.
[135] Vgl. zum Ziel der Vermeidung von logischen Widersprüchen bei einer systematischen Auslegung Zippelius, S. 36.

einfache Weise auf einer Website erhalten können.[136] Dieser Gedanke kann auf das Datenschutzrecht übertragen werden, denn auch hier geht es um den Zugang zu den Informationen die bereitzustellen sind.

Im Ergebnis ist daher ein Medienbruch grundsätzlich zulässig. Richtigerweise ist ein solcher aber nur insoweit zulässig, als sämtliche vorgeschriebene Informationen tatsächlich abrufbar sind. Soweit auf eine Website verwiesen wird, müssen die Informationen dort auch tatsächlich zu dem Zeitpunkt abrufbar sein, zu dem zu informieren ist, da andernfalls nicht zu diesem Zeitpunkt die Informationen bereitgestellt werden. Dies ist aus objektiver Sicht unter Berücksichtigung der Möglichkeiten zum Abruf der Informationen eines Durchschnittsadressaten zu beurteilen. [137] Soweit für die vollständigen Informationen auf eine Website verwiesen wird und der Betroffene über keinen Internetzugang verfügt, kann dies nicht zulasten des Verantwortlichen gehen, da ein Internetzugang zu einer Grundausstattung zählt, über die üblicherweise jeder verfügt, wie beispielsweise auch über ein Festnetz- oder Mobiltelefon und einen Briefkasten. Auch wenn die betroffene Person weder über einen mobilen noch über einen stationären Internetzugang in ihrer Wohnung verfügt, kann diese mit zumutbarem Aufwand beispielsweise in Bibliotheken, Cafés oder Internetcafés auf das Internet zugreifen und dort die Informationen abrufen, so dass diese nicht unangemessen benachteiligt wird.[138] Da in der Literatur teilweise angedeutet wird, dass neben einer Kurz-URL auch ein QR-Code bereitgestellt werden

---

[136] EuGH, Urteil vom 30.03.2017, C-146/16, Celex-Nr. 62016CJ0146, Rz. 30; ähnlich auch BGH, Urteil vom 27.07.2017 – I ZR 153/16 –, juris, Rz. 18.
[137] Vgl. Bäcker, in: Kühling/Buchner, Art. 12 DS-GVO Rn. 11, der bzgl. Verständlichkeitsgebot im Hinblick auf Aufnahme- und Verarbeitungsfähigkeiten auf Durchschnittsadressaten abstellt.
[138] Siehe aber Robrecht, S. 19 Fn. 61, die diesen Aspekt unberücksichtigt lässt und feststellt, dass durch eine Darstellung im Internet diejenigen von den Informationen ausgeschlossen werden, die nicht über einen Internetanschluss verfügen.

sollte, [139] dürfte es in der Regel ratsam sein, einen solchen bereitzustellen, wenn dies beim jeweiligen Medium möglich ist, z.B. auf einer Postkarte.

Im Übrigen sollten essentielle Informationen mittels des Mediums bereitgestellt werden, mit dem auch die Daten erhoben werden oder zumindest in einer Form, die es der betroffenen Person ermöglicht, die Informationen wahrzunehmen ohne aktive Schritte einleiten zu müssen. So wäre es beispielsweise ausreichend, wenn ein Kunde in einem Ladengeschäft aufgefordert wird, seine Daten in einen Tablet-Computer einzutragen und der Kunde mittels überreichtem, ausgedrucktem Informationsblatt über die essentiellen Informationen sowie eine Url informiert wird, unter der er die weiteren Informationen abrufen kann. Zu diesen essentiellen Informationen zählen nach der Auffassung des GDD[140] die folgenden Informationen, wobei darauf hingewiesen wird, dass es je nach Verarbeitung oder Darstellungsart zu Verschiebungen kommen kann:

- Der Name und die Kontaktdaten des Verantwortlichen,
- die Zwecke, für die die personenbezogenen Daten verarbeitet werden sollen,
- die berechtigten Interessen, die von einem Dritten verfolgt werden,
- die Kategorien von Empfängern,

---

[139] Franck, in: Gola, Art. 13 DS-GVO Rn. 40: „Insofern dürfte neben der unmittelbaren Angabe essentieller Informationen zB ein Verweis auf eine Kurz-URL nebst QR-Code genügen."
[140] GDD-Praxishilfe DS-GVO VII, S. 6 f., wo auch noch weitere essentielle Informationen für Fälle von Art. 14 DS-GVO aufgelistet sind.

- eine Absicht des Verantwortlichen, die personenbezogenen Daten an ein Drittland oder eine internationale Organisation zu übermitteln,
- eine Information darüber, ob eine Verpflichtung besteht, die personenbezogenen Daten bereitzustellen und welche möglichen Folgen die Nichtbereitstellung hätte,
- eine Information darüber, ob eine automatisierte Entscheidungsfindung einschließlich Profiling stattfindet.

Diese Liste bietet gute Anhaltspunkte dafür, welche Informationen ohne Medienbruch – bzw. in einer Form, die es der betroffenen Person ermöglicht, die Informationen wahrzunehmen ohne aktive Schritte einleiten zu müssen – bereitzustellen sind.

Dennoch muss stets im Einzelfall geprüft werden, welche Informationen jeweils essentiell sind. In vielen Fällen wird es ausreichend sein, weniger Informationen ohne Medienbruch – bzw. in einer Form, die es der betroffenen Person ermöglicht, die Informationen wahrzunehmen ohne aktive Schritte einleiten zu müssen - bereitzustellen. So dürfte es bei einer telefonischen Erhebung von Adressdaten zum Zwecke der einmaligen Zusendung eines Produktes nicht erforderlich sein in einer solchen Form über diesen Zweck zu informieren, wenn die betroffene Person gerade zu diesem Zweck angerufen hat. In einem solchen Fall könnte eine diesbezügliche Informationspflicht auch bereits aus dem Grunde ausscheiden, dass die betroffene Person bereits über diese Information verfügt (Art. 13 Abs. 4 DS-GVO). Wird hingegen die Adresse noch für weitere Zwecke verwendet, mit denen üblicherweise nicht gerechnet wird, ist die betroffene Person darüber ohne Medienbruch zu informieren bzw. in einer Form, die es ihr ermöglicht, die Informationen wahrzunehmen ohne aktive Schritte einleiten zu müssen.

I. Wesentliche Erkenntnisse

Nach der DS-GVO bestehen sehr umfangreiche Informationspflichten. Ob diese alle von den betroffenen Personen immer zur Kenntnis genommen werden, ist äußerst fraglich.

Auch im Falle einer Zweckänderung bestehen Informationspflichten, allerdings müssen ausweislich des eindeutigen Verordnungswortlauts in diesem Fall nur der Verarbeitungszweck und die in Art. 13 Abs. 2 DS-GVO bzw. Art. 14 Abs. 2 DS-GVO genannten Informationen bereitgestellt werden.

Es gibt Ausnahmetatbestände, bei denen keine Informationspflichten bestehen. Erwähnenswert ist hierbei insbesondere, dass in Fällen von Art. 14 DS-GVO dann ein solcher Ausnahmetatbestand vorliegt, wenn die Erteilung der Informationen einen unverhältnismäßigen Aufwand erfordern würde. Abgesehen von Fällen, in denen besondere Kategorien personenbezogener Daten im Sinne von Art. 9 Abs. 1 DS-GVO oder nur personenbezogene Daten weniger Personen verarbeitet werden oder der Verantwortliche die E-Mail-Adressen der betroffenen Personen gespeichert hat, wird man im Hinblick auf Big Data Analysen regelmäßig davon ausgehen können, dass ein unverhältnismäßiger Aufwand anzunehmen ist und eine Informationspflicht somit entfällt. Auch bei Big Data Analysen, bei denen besondere Kategorien personenbezogener Daten im Sinne von Art. 9 Abs. 1 DS-GVO verarbeitet werden, entfällt eine Informationspflicht im Regelfall dann, wenn die Verarbeitung für im öffentlichen Interesse liegende Archivzwecke, historische Forschungszwecke oder für statistische Zwecke erfolgt. Durch Informationspflichten werden daher Big Data Analysen in der Regel nicht unmöglich. Möglicherweise kann aber bei Big Data Analysen der Zweckbindungsgrundsatz zu Problemen führen.[141] Dies wäre eine

---

[141] Siehe hierzu Werkmeister/Brand, CR 2016, 233, 237 f.

interessante Fragestellung für weitere Untersuchungen.

Aus dem Umstand, dass nach Art. 12 Abs. 1 S. 1 DS-GVO verlangt wird, dass Informationen „in präziser, transparenter, verständlicher und leicht zugänglicher Form in einer klaren und einfachen Sprache zu übermitteln" sind, kann kein Verbot eines Medienbruchs hergeleitet werden. Der Wortlaut ist insoweit unklar. Aus Sinn und Zweck der Norm sowie der Systematik ergibt sich aber, dass ein Medienbruch zulässig ist, andernfalls würde dies insbesondere bei Callcentern dazu führen, dass die Informationen systemwidrig (fern-) mündlich mitgeteilt und somit aufgrund der Fülle an Informationen unverständlich werden. Essentielle Informationen sind allerdings ohne Medienbruch bereitzustellen oder zumindest in einer Form, die es der betroffenen Person ermöglicht, die Informationen wahrzunehmen, ohne aktive Schritte einleiten zu müssen.

ÜBER DEN AUTOR

Der Autor absolvierte zunächst ein Studium der Wirtschaftsinformatik und arbeitete anschließend im IT-Bereich. Im Anschluss daran studierte er Rechtswissenschaft. Nach der zweiten juristischen Staatsprüfung absolvierte er einen Masterstudiengang im Medienrecht und bekam hierdurch den Grad eines Master of Laws (LL.M.) verliehen. Der Autor berät heute als Rechtsanwalt schwerpunktmäßig im Bereich des IT- und Datenschutzrechts.